济南城记

岳佑泉

（修订版）

雍坚 著

山东画报出版社

济南

图书在版编目（CIP）数据

济南城记（修订版）/ 雍坚著 . — 济南：山东画报
出版社 ,2024.1
ISBN 978-7-5474-4704-8

Ⅰ . ①济… Ⅱ . ①雍… Ⅲ . ①济南－地方史 Ⅳ.
① K295.21

中国国家版本馆 CIP 数据核字 (2024) 第 002513 号

JINANCHENG JI XIUDINGBAN
济南城记（修订版）
雍 坚 著

策划编辑　冯克力
责任编辑　赵祥斌　于　滢
特邀编辑　王　任
装帧设计　王高杰

主管单位　山东出版传媒股份有限公司
出版发行　山东画报出版社
　　　　社　　　址　济南市市中区舜耕路 517 号　邮编　250003
　　　　电　　　话　总编室（0531）82098472
　　　　　　　　　　市场部（0531）82098479　82098476（传真）
　　　　网　　　址　http://www.hbcbs.com.cn
　　　　电子信箱　hbcb@sdpress.com.cn
印　　刷　山东星海彩印有限公司
规　　格　710 毫米×1000 毫米　1/16
　　　　　　25.5 印张　415 幅图　200 千字
版　　次　2024 年 1 月第 1 版
印　　次　2024 年 1 月第 1 次印刷
书　　号　ISBN 978-7-5474-4704-8
定　　价　128.00 元

自　序

一个记者眼中的济南城市变迁

2009 年某月某日晚，济南千佛山路小城故事饭店。我，朋友姜波，还有一位对建筑颇感兴趣的外地朋友在一起小坐。当时，经八纬一正在拆迁中，姜波所在的山东建筑大学正在对该片区的一处民国建筑进行远程平移，而我所供职的媒体也正在对此进行重磅报道。我们的话题便从济南拆迁说起。

"生活在你们济南真好，不仅能看到历史建筑的外形，还能看到它们的内部结构。"外地朋友非常"羡慕"地对我们说。

外地朋友说得没错。由于加快了"棚户区"的改造进程，济南近年来有成片的老街区被拆迁改造，各种类型的历史建筑的檩、椽、梁、柱、础及墙体填充物在拆除中暴露无遗。

可他的说法却深深地"刺激"了我。

我说："我们现在暂时是幸运的，可我们的后代却永远没有了这份眼福。将来他们中如果有人喜爱济南的老房子，恐怕只能通过历史图片去揣摩其内部结构了。"

我不是一个喝着泉水长大的土生土长的济南人，和坊间很多喜爱济南历史建筑的朋友一样，喜爱，似乎没有充足的理由。

如果非要从历史寻找缘由的话，早在民国元年（1912），我的大老爷爷（曾祖父之兄）就来济南创业了，他在萃卖场开办的式燕番菜馆曾经赫赫有名，是国人在济南所创办的第一家大型西餐馆。20 世纪 30 年代，我的祖父来济南读中学；再后来，我的父亲是在济南读中专。他们虽然没有在济南定居工作，却让我早早便对济南产生了朦胧的憧憬。

　　1990 年，我如愿以偿来到济南读书。从专科、专升本到研究生，其间虽然短暂工作，对济南的了解也不过限于"三大名胜""四大泉群"和"齐烟九点"。2000 年 6 月我应聘到大众报业集团生活日报社工作，翌年逐步转向对文化新闻的关注。那一年，正值老城主街泉城路拓宽改造。

　　先是因为职业的便利，我对隐藏在济南老街旧巷中的深宅大院有了一次次的近距离了解；继而因为这种近距离了解，我对它们所承载的历史和文化产生了深深的热爱；最后因为这种热爱，我对这个城市变迁中所见所闻的很多事情感到隐隐的困惑：为何要拆掉一条五六百年历史的老街，来建一个并不稀缺的超市？为何要拆掉一个原汁原味的历史建筑，而"比着葫芦画瓢"再做一个复制品来顶替？为何常常夸口"济南名士多"，却动辄就把与名人相关的历史建筑去掉？

　　1992 年 7 月，有"远东地区"最美丽德式建筑之称的济南老火车站被拆除前，它连一个"区级重点文物保护单位"的头衔都没有。老火车站的拆除至今想起来令很多济南人隐然心痛。2009 年 5 月初，时任国家文物总局局长的单霁翔发表一篇署名文章，关于济南老火车站的拆迁，文中写道："一时间，'中国十大野蛮工程'之首、'这是没有文化的表现'等各种各样的愤怒与批判接踵而至，令济南人蒙羞。"

　　老火车站的拆除让济南人引以为耻，可引以为戒了吗？就在单霁翔的文章发表 2 个月后，一座与济南老火车站同龄的德式建筑又在遗憾中被拆除，它就是位于经二纬一的义利洋行。2012 年，老火车站设计师赫尔曼·菲舍尔的孙女造访济南，她所带来的老照片显示，义利洋行原来也是菲舍尔的作品！

七忠祠、九华楼、丁宝桢故居、辛铸九故居、路大荒故居、侨办大楼、准提庵、大丸洋行、中国电影院、宏济堂中号、义兴公旧址……仅新世纪以来，济南消失的历史建筑就已屈指难数。

当我隐隐约约意识到该为这个城市的变迁做点什么之时，记录——用笔、用镜头来记录——便成了我唯一能做的。

于是有了这本书。

打开它，你能看到，新世纪以来消失的济南20个街巷片区的数百张老房子的原始照片，其中，绝大多数是没有任何文物保护级别的坊间民居；

打开它，你还能听到，数百位业已搬离老街区的老济南人的"口述历史"，其中，绝大多数内容是正史未曾述及的民间记忆。

严格地说，这不是一本当下阅读的书，也不是一本游记或建筑学报告，它只是一个记者对老济南变迁的真实记录和反思——

只希望 / 多少年以后 / 那些在楼房中长大的孩子 / 能够从这本书 / 看到昔日的祖宅 / 听到长辈的故事 / 找到回家的路

也希望 / 多少年以后 / 那些有兴趣研究济南文化的人 / 能够从这本书 / 品出历史的底蕴 / 拼合文化的碎片 / 释解对昨天的好奇

是为序。

2017 年 5 月终稿于济南淘斋

目　录

泉城路，
挥之不去的记忆

- ◈ 街区地标：泉城路
- ◈ 街区特质：老字号
- ◈ 拆迁时间：2001 年

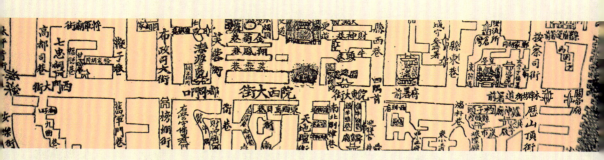

1902 年《省城街巷全图》上的泉城路一线

清末，站在西门城楼上东望西门大街—院西大街一线。［澳］莫理循摄

再 回 首

　　泉城路，是济南老城中的一条东西向主街，也是一条"年轻的老街"。之所以说它"年轻"，不是因为路两旁修了些仿古新建筑，而是因为"泉城路"的名称出现得很晚，在1965年之后的济南地图上才开始出现它的名字。

名称的由来

　　1962年7月13日，济南市区和近郊在6小时内降雨298.4毫米，为1916年济南有降水记录以来的最大一场雨，全市倒塌房屋过万间，数十座桥梁涵洞被冲毁，史称"7·13特大暴雨"。次年7月22日，济南又普降大暴雨，市区降水量达130毫米，山洪暴发，致使全市有6处河道决口，津浦、胶济铁路路基被冲毁两处。接下来的1964年，全年降水1108毫米，创1916年以来之最，有记载说连沉睡数十年的舜井都冒水月余。

接连几年的洪涝灾害，让市内不少道路、房舍严重受损。济南痛定思痛，用两年多的时间进行大规模的市区防洪工程建设，山水沟、东流水以及城里道路两侧影响泄洪的建筑均被拆除。由于城关地貌发生了很大变化，1965年1月，济南市政府对古城区主要道路进行了重新命名。泺源桥至青龙桥之间，首尾相连的西门大街、院西大街、院东大街、府西大街、府东大街、东顺城街（东西段）等6条东西街道合称为"泉城路"；同时，位于两侧的金牛丝巷、郑家胡同、

院前大街、七忠祠街、福德巷5条南北向实胡同或短街也取消原名，并在"泉城路"旗下，1980年整顿街门牌时，院前大街又复名"院前街"。

泉城路一线的街道，在历史上名称是因时而变的。比如，在明末崇祯《历城县志》上，只载有"西门内大街"和"济南府大街"，从名称上分析，它们指代的应该是泉城路当年的西半截和东半截。在清光绪年间的《省城街巷全图》上，只能找到"西门大街""院西大街""院东大街"，府西大街、府东大街路段当时叫"府署前""道署前"和"木牌坊街"，芙蓉街南口往西当时叫"都司门口"，县西巷南口当时叫"四隅首"。

当然，泉城路一线道路的形成时间肯定不限于此。有学者提出，今泉城路

20世纪30年代，院西大街。日文明信片《济南的风光》之一

济南城记（修订版）

1959 年，院前大街与院西大街交界口。据《山东画报》

一线是古代济南最早的道路之一，其形成年代应该与济南建城史一致，有两千多年的历史。由于先秦济南的"历下邑"等城垣位置尚存争议，泉城路一线的形成时间有待进一步考证。

长度的变化

北宋熙宁七年（1074），齐州（今济南）西门外的老桥被山水冲坏，不得不新修了一座石桥予以替代。唐宋散文八大家之一的苏辙当时正在济南为官（任掌书记），于是写了篇《泺源桥记》记述此事。这篇文章对泺源桥的记载是现存文献中最早的。有意思的是，1950 年重建西门桥时，在清代泺源桥下 5 米处曾挖出一座古石桥，桥面刻有"泺源桥"三字。1982 年 9 月在排污工程施工中，济南西门桥下又挖出北宋泺源桥基石十余块，其中有一块刻有"靖康元年九月二十二日本府王镗建造"。

泺源桥正连接济南西门，门内的东西大道就是今天的泉城路。自古以来，泺源桥就是其西界。不过，由于济南"四门不对"（南门居中，北门偏东，东门偏北，西门偏南），济南西门和东门之间并没有干道直通，早年里"泉城路"基本上是条"死胡同"，从东段的府东大街再往东直走就撞城墙了。要是出东门的话，须从木牌坊街沿按察司街北行至东门大街，再往东便是齐川门（老东门）。清末，济南在运署街东头增开新东门，此后，"泉城路"到新东门可由东城根街斜着拐过去，虽然是捷径，依然不顺溜。

自 1950 年起，济南市逐渐拆除了府城城墙。1952 年，青龙桥建成。自此，泉城路一线才真正成了一条横穿济南老城的东西干道，青龙桥也就成了其东界。稍后，伴随着共青团路的开辟，经四路—泉城路—解放路一线全部贯通，成为济南城区的东西干道。

5

1990 年前后，泉城路东段路北的圆通庵旧址。王建浩摄

宽度的扩张

明清时期的泉城路一线，是十分"苗条"的，宽度只有两丈多（六七米）一条主干道的"腰围"这么瘦，在今天是不可想象的。可那时，街面上没有汽车，城里只有几万人，应该也不觉得拥挤。清末民初，济南老城西面的商埠开始修建经纬交错的大马路，而老城依然故我，没有拓宽道路。唯一的变化是，民国初年，长期使用的青石板在民国初年换成了碎石路。当时尝试这么做，是因为青石板路容易断裂，维护起来很麻烦，而从德国购进的蒸汽压路机已在商埠主要街道铺设碎石路。可是这种碎石路并不理想，遇大风天气就会漫天扬尘，于是在 1928 年，这里又被改建为沥青路，改建后宽度依然未变，6.5 米左右。

泉城路一线的首次展宽是 1954—1955 年完成的。当时，该工程是新中国成立后济南市政设施建设的首项大工程。展宽后，车行道变为 15 米，两侧人行道变为 4.5—5 米，道路总宽度由原先的 6.5 米一下子变为 24—25 米。

泉城路的第二次展宽是在 2001 年，次年五一通车。此次展宽是拆迁力度最大的一次。展宽后，宽度比先前扩出一倍，达到 50 米，可交通问题并没有迎刃而解。通车之初，有关专家曾将西段设计为步行街，结果使周边道路交通压力陡增，只好改为准步行街，再后来，准步行街也无法维持，泉城路又成了一条允许机动车单向行驶的干道。

商气的聚散

泉城路一线之所以有名气，不仅因为明清以来路北一直是各级衙署扎堆的地方，还因为这里是济南的一条重要商业街，近代以来，众多的老字号在此发迹。

20 世纪 80 年代的泉城路隆祥布店。据《中国济南》

1996年，一辆黄面的从正在拆迁的泉城路远达文具店前驶过，该建筑旧时为瑞蚨祥老店。姜波摄

清同治元年（1862），由章丘旧军（今属刁镇）孟氏家族中的矜恕堂出资创办的"瑞蚨祥绸布店"在院西大街开业。6年后，年仅18岁的矜恕堂少东孟雒川接管瑞蚨祥。此后数十年间，他把瑞蚨祥开到了京、津、沪、青等大城市，不仅成为全国绸布行业中的佼佼者，而且赢得了"南有胡雪岩，北有孟雒川"之类的坊间赞誉。

孟雒川是位颇具传奇色彩的商界奇才。在他尚且年幼的时候，父亲便去世了。母亲聘请章丘名儒李青函为其老师，立志教子成人。可孟雒川不喜读书，一次逃学被母亲发现后，罚他在中厅下跪。一位管家悄悄劝说他好好读书，他却反问管家你知道建造这座中厅需要多少砖瓦木料吗，管家摇头回答不出。孟雒川却将算好的标准答案张口说出。此事被管家告知他的母亲和三伯父后，孟家凡建房造屋，都让孟雒川参与预算和结账。三伯父见他颇有心计，在他年满18岁的时候，便把家族企业交与他掌管。除了瑞蚨祥、庆祥、瑞升祥、泉祥等著名的祥字号也都先后由他来打理。

孟雒川生于1851年，名继笙，因五行缺水，号雒川。这种"先天不足"在他的一生中果然多次应验：他一生多次遭遇火灾。1900年，孟雒川的北京瑞蚨祥和天津批发庄被焚毁；1912年，因驻军闹饷兵变，济南瑞蚨祥横遭火焚。但"三分天注定，七分靠打拼"，北京失火后，孟雒川让店员在北京天桥摆地摊卖残布，3年后又盖起新房恢复旧业，并在清廷两宫回銮后大赚了一笔。济南瑞蚨祥被焚后，孟雒川买下修建泺口黄河铁桥的剩料，盖起了更为坚固和堂皇的新门面房，在济南商业界继续独领风骚，"瑞蚨祥越烧越旺"的说法一度广为流传。火焚后重建的瑞蚨祥搬到了院东大街路南，这座瑞蚨祥老店的原始建筑一直坚守到1996年，因贵和商场一带的建设而被拆除。不过，在拆除前数十年间，它就改换了门庭，为远达文具店使用。

光绪三十三年（1907），当瑞蚨祥的生意如日中天时，由乐敬宇（电视剧《大宅门》主人公白景琦的原型）创办的宏济堂药店也在院前大街隆重开业。

乐敬宇为北京同仁堂少东家，他的父亲弟兄四人，到了乐敬宇这一辈，同辈兄弟有17人，而乐敬宇最不受父兄待见，被禁止涉足药业，但乐敬宇却天资聪明，暗地里积累了很深厚的医药知识。在他30岁的时候，家里给他捐了个山东候补道的官衔。光绪二十八年（1902），乐敬宇只身来济南候补。此后，适逢他的老相识杨士骧任山东巡抚，于是拨官银2000两，让乐敬宇办官药局。可不久杨士骧因故被参调离山东，官药局也受到了牵连。乐敬宇于是缴还官银，将药局改制为民企，更名为宏济堂。

几年后，乐敬宇在西关东流水街创办宏济堂阿胶厂，用趵突泉水加独特秘方熬制出不含腥味的阿胶。口感好了，药效强了，结果销量大增，宏济堂也一跃成为济南中药行的代表，与北京同仁堂、天津达仁堂合称为江

2002年，刚刚完成拓宽改造的泉城路。郭建政摄

北"国药三巨头"。

1912年，院前大街宏济堂因兵变被焚，1915年，宏济堂迁址院东大街开业，很快恢复元气，十年间又先后在经二路设立纬六路分店和纬一路分店。

像瑞蚨祥、宏济堂这样在泉城路做大做强的商号字号，不可胜数。如隆祥布店、庆祥布店、春和祥茶店、燕喜堂饭店、汇泉饭店、心佛斋素菜馆、泰康食物公司、天丰和首饰店……

1996年，泉城路宏济堂老店。据《济南市志》

老 房 子

　　自20世纪二三十年代至70年代，济南在商业布局上，一直存在着老城与商埠之间分庭抗礼的格局。用现代的话说，即泉城路商圈与经二路商圈之间的角力，后者在很大程度上还略占上风。20世纪80年代后，伴随着济南发展重心整体东移及泉水古城魅力的提升，泉城路商业核心地位得以巩固。

　　20世纪90年代中后期，泉城路的改造渐次拉开，部分老字号建筑随之退场。隆祥布店、远达文具店（旧为瑞蚨祥绸布店）、宏济堂药店先后被拆除，齐鲁金店则在拆除后实行了加高重建……2001年，泉城路的拓宽改造则对众多的老字号建筑予以最后"重创"。此后，残留两侧的为数不多的老房子又渐次被拆除，目前仅剩下一座孤零零的高家当铺，陪伴它的是一些"煞有介事"的仿古建筑。

幸运的高家当铺

　　清末民初，章丘有两大名门望族：旧军孟家和西关高家。时称"旧军绸布，西关当铺"。这两大财团之间关系密切，从乾隆年间开始，便开始联姻，如瑞蚨祥的掌门人孟雒川之母便出身西关高家，她的弟弟高即霞曾因助清"剿捻"而获皇封。高家在济南城内开办的商号亦有多家，如济南西门里惠和当铺、剪子巷惠祥当铺、院前街惠丰当铺。此外，济南老城中还有汇宝、瑞升、蚨裕三座金店也是高家的。

明代初年，高家迁居章丘西关（今章丘区绣惠街道），至六世时已经是良田万顷，楼台数座，被称为"西关高家"。高家在十三世时分为三大支，长支子孙以耕读为主；二支后人以经商为主，高家经营的当铺、金店、银号多为该支创办；三支后人以进学为主，周恩来总理的老师、著名学者高亦吾便出自三支。

位于泉城路与省府前街交界口的高家当铺是唯一存留至今的老房子，它应该就是过去西关高家在西门里开设的惠和当铺。高家当铺是一个店宅合一的组合院落，主体建筑尚保存完好，小瓦花脊、磨砖对缝的房子显示出当年店主人的财大气粗。

泉城路改造中，重点对高家当铺进

2004年4月，修缮中的高家当铺。雍坚摄

2001年12月，济南最早的齿科门诊卫生镶牙馆正拟拆除。雍坚摄

行了修复，临近泉城路的原正门附近，重建了一个装饰性门楼，据说是仿山西建筑风格。有意思的是，在过去济南的典当业，按"当东"祖籍划分的话，有山西帮和章丘帮两大帮之说，高家是章丘帮的代表，与山西帮是商场上对头。

最早的齿科诊所：卫生镶牙馆

2001年12月，位于芙蓉巷东首、原拟保留的卫生镶牙馆实施拆除。卫生镶牙馆是座西式风格的二层小楼，体量不算大，楼前脸条石上刻着"卫生镶牙馆""张巽辰牙医士"等字。尽管拆除前施工人员给楼体石头进行了认真编号，可不知什么原因，后来在原址旁边复建的"卫生镶牙馆"却基本没有使用原始建筑构件。这座赝品建筑立在那里，只能用貌合神离来形容它了。

卫生镶牙馆是一个颇有纪念意义的医疗机构，它是济南第一个西医齿科诊所。1914年（一说是1882年），临清人张巽臣在济南府芙蓉巷创办了一家名为卫生镶牙馆的西医齿科诊所。张巽臣原来是个算卦先生，因不能维持生计，就去上海跟一名法国医生学习拔牙、镶牙技术。勤奋好学的他回到济南后，在芙蓉巷租房开设了卫生镶牙馆。最初由于业务冷清，不得不带着医疗器械走街串户。1917年，张巽臣在镶牙馆原址建起一座二层洋楼，增添设备，很快业务大增。并于次年，派侄子和徒弟在经二纬五开设卫生镶牙馆分号。1942年，张

2001年，芙蓉巷拆迁前的兰亭照相馆旧址。王琴摄

巽臣去世后，卫生镶牙馆分号改名为渤海齿科医院，两年后该院又创设东海齿科医院。20世纪50年代，渤海、东海、庆云三家齿科医院合并组建济南口腔病防治所（今为济南市口腔病医院）。

除卫生镶牙馆外，芙蓉巷还是济南最早创办照相馆的地方。在1904年开埠之前，已有广东人在此巷开始办"容芳"

和"耀华"照相馆。2001年卫生镶牙馆拆迁前，其斜对面尚有一座兰亭照相馆旧址原拟就地保护（其前身为创于清末的小彭照相馆），可惜的是，最终也被拆除了。

最后的洋楼：侨办大楼

在泉城路新华书店对面，原有一座民国时期的洋楼。新中国成立后，它长期作为省政府侨务办公室，因此被人们习称为"侨办大楼"。

"侨办大楼"的原始身份是民国山东商业银行办公楼，始建于1919年，是济南老城中较早出现的欧式建筑。该建筑坐南朝北，地上二层，地下一层，门廊为三面拱门构成，外观大气俊朗。二层有宽大的阳台，窗户两侧设有粗大石柱，檐口采用西式古典风格，檐口之上为巴洛克风格的女儿墙。大楼整体建

从侨办大楼上拆下的爱奥尼克柱头，现存放于山东建筑大学图书馆一楼。郭建政摄

筑全部为石砌，墙体厚实坚固，凸显出近代金融建筑的特征。2001年，泉城路拓宽时大楼的门廊被去掉，但主体保留下来。遗憾的是，2006年9月，"侨办大楼"却伴随着卫巷一带的拆迁而在古城区消失。

很多文化界、建筑界人士为此唏嘘不已。因为，"侨办大楼"不仅是留守泉城路的最后一栋民国欧式建筑，而且它还是山东第一家商业银行旧址。原来这座大楼还有一段传奇的故事：

清末，章丘相公庄镇寨子村出了一位有志气的读书人。靠乡亲们的资助，他19岁考中秀才，27岁中举人，两年后又考中进士，这一年是1904年，次年，清政府废除科举制度。因此，这位读书人成为章丘历史上最后一位进士。他就是张肇铨，字子衡。在清末短暂的仕途生涯中，张子衡官至遵义知府。1912年，中华民国建立。张子衡偕家眷回到济南，担任山东商务会经理。此后，这位年轻的清朝遗臣转身一变成为济南商界大鳄。

1913年，由张子衡牵头，以商会的名义招股创办了山东第一家商业银行——山东银行，张子衡任总经理（1925年改称"山东商业银行"）。凭借融资之便利，两年后，张子衡又招股创办了省内第一家大型机器面粉厂——山东面粉厂（后改称丰年面粉厂）。张子衡一时在山东商界名声大振。1919年，他被推选为济南总商会会长，就在这一年，山东

济南城記（修订版）

2001年冬，侨办大楼，它是泉城路最后被拆的西洋建筑。雍坚摄

银行在院西大街建成气派典雅的欧式营业大楼。1938—1945 年间，此楼又为日伪山东省会警察大队、山东省特高工作总部所占用，见证了济南近代史的一段黑暗岁月。

难舍的记忆：百货大楼

同泉城路的老字号相比，位于中段路南的济南百货大楼只能算是个小字辈。百货大楼建成于 1955 年 8 月，当时，这座四层钢筋混凝土结构的大楼是全省最大的综合性国营百货商店。在此后半个世纪的时间里，它一直是泉城路上最典型的地标性建筑。很多济南人，一想起当年的泉城路，便会想起逛百货大楼的情形。

在计划经济占主导的年代，百货大楼给人的印象是高大宽敞，人流拥挤，卖什么的都有。很多囊中羞涩的市民，没事也会到这里来过把眼瘾，从一层逛到顶楼，逛累了，在楼下摊点上喝碗莲子茶汤或甜沫，也不失为一种惬意。当时的结账方法是，用铁夹子夹住票据，在空中滑行到结账处，顾客交钱后再滑回来，顾客再取货，十分有趣。

至 20 世纪 90 年代初，在济南商场中，百货大楼尚和大观园、人民商场三足鼎立。此后，伴随着银座、三联、贵和的兴起，其经营才逐渐没落乃至最后退出历史舞台。

2008 年 4 月，难以在泉城路立足的百货大楼开始实施拆迁。大楼前脸上的

2008 年 4 月，拆迁前的泉城路百货大楼。雍坚摄

1985 年的泉城路百货大楼。据《济南市志》

广告幕墙揭了下来后，露出装饰有中国传统吉祥符号的清水砖墙。很多市民闻讯前来拍照留念，像送别老朋友一样和这栋庄重典雅的商业建筑说再见。

引发纷争的宏济堂照壁

2001年初夏，济南曾发生一场颇为轰动的纷争，一时引发社会各界关注。这场纷争的话题是泉城路宏济堂照壁的去留。

位于泉城路与县西巷交界口的宏济堂老号是宏济堂的"旗舰店"，1915年，宏济堂老店在兵变被焚后由院西大街迁址至此，修建了一座三进院落、两座二层楼的前店后坊式建筑。店前东西两

照壁瓷砖上有金字隶书的宏济堂广告。1996年，宏济堂老号被拆迁，只剩下店前照壁孤零零地守望于原地。

2001年5月，泉城路东段拓宽改造工程启动，宏济堂旧址的两块照壁又因"挡了路"而面临拆迁。宏济堂当年以改进阿胶生产工艺而发家，此时，与阿胶都有渊源的山东福胶集团和东阿阿胶集团同时看好了宏济堂照壁，都想移走这两面颇有象征意义和文物价值的老古董。

当年6月8日，福胶集团派人到现场准备运走照壁，被历下拆迁办制止。而十几天后，东阿阿胶集团则将两面重达6吨的宏济堂照壁的上半部分用载重

2001年6月，搬离原址前的宏济堂照壁。申胜利摄

济南城记
（修订版）

2001 年 6 月，搬离原址前的宏济堂照壁。申胜利摄

汽车运回东阿，收藏于东阿阿胶博物馆。由于众媒体的报道，很多济南人在这场纷争中恍然意识到了宏济堂的价值，进而开始反思，为何在 1996 年我们要拆掉比照壁更加珍贵的宏济堂老号的建筑呢？

需要补充的是，宏济堂老号内的一些老古董在 1996 年后被搬到了经二路纬六路宏济堂西号店内保存，它们包括雕饰精美的汉白玉阴阳浸药池及雕花门窗等建筑构件。据说搬家时，店内的黑漆实木柜台 40 多人都抬不动。

同宏济堂一样，伴随着新泉城路的建成，原位于这条街上的燕喜堂、亨得利、一大食物店、德馨斋、人民照相馆、济南乐器店等老字号旧址统统远去了，"落了条平坦坦大街真干净"。

余之音

一台动"砸"的手术

泉城路的改造，是济南对老城所动的一次大手术。这个以打造步行"金街"为目标的大手术本应该做得很好，并给以后的古城各片区改造提供范本和参照。但实际情况却是，手术切掉了本不该切掉的关节和器官，又生生装上了一些"假肢"(仿古建筑)，使得它既不充分现代，也不原汁原味。

据了解，拓宽改造前，济南市建委曾委托山东建工学院专家设计泉城路改造方案，该方案拟保护的泉城路及周边古建筑多达24处，如七忠祠、浙绍会馆、一大食物店、侨办大楼、宏济堂照壁、高家当铺、旧军门巷丁宝桢故居、卫巷准提庵、芙蓉街中英大药房、芙蓉巷卫生镶牙馆、兰亭照相馆等均在保护之列。

但拓宽改造中，这一方案在很大程度上并未落实。改造之初，留在泉城路两侧的仅剩高家当铺、侨办大楼、准提庵、百货大楼等寥寥几处老建筑。而它们，除高家当铺外，其余建筑又在随后的五六年间被相继拆除。

泉城路名头之大，与这条街上那些老字号所辐射出的声名密不可分，而那些老字号的声名和味道，又与承载它们的老式门店息息相关。去掉了老式门店，即便是老字号都重新立起

了门头，也令人觉得索然无味。

继主街泉城路之后，济南老城区内的高都司巷、旧军门巷、县西巷、卫巷、宽厚所街等街区相继展开旧城改造，所遵循的模式无不受到泉城路改造的影响。在这种氛围下，再打造所谓古城风貌，已然成了缘木求鱼。

去过广州的人都知道，其老城区有条北京路，那是一条真正的步行街，街中间铺有厚实的玻璃板，玻璃板下面是修路时挖出的千年古道和鼓楼遗址。高可蔽日的粗大榕树、随处可见的近代建筑、鳞次栉比的特色小店与玻璃板路相映成趣。

从北京路上走一圈，济南人往往会联想到自家的泉城路。2001年，泉城路齐鲁金店前曾挖出一大宗数千枚窖藏古币；2002年，距泉城路不远的万达广场工地曾发掘出过先秦古井、宋代泉井；2003年，县西巷也曾发掘出历朝古道。有人设想过把它们留在原址，盖在玻璃板下供后人观瞻吗？

高都司巷

倏然而去

- ◈ 街区地标：高都司巷
- ◈ 街区特质：民居祠堂
- ◈ 拆迁时间：2002 年

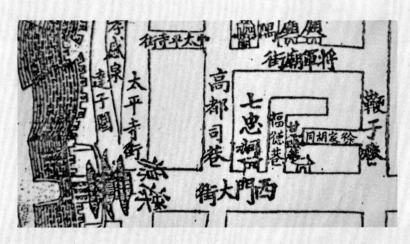

1902 年《省城街巷全图》上的高都司巷一带

1963年9月，高都司巷北口。王建浩摄

再 回 首

这里有老济南绝无仅有的回廊式院落，这里有"院套街、街连院"的汇源里，这里有堪与鞭指巷状元府相媲美的木雕走马板……就是这样一条有五六百年历史的传统街巷——高都司巷，2002年5月，伴随泉城路万达广场工程的开工，从济南地图上永远消失了。

一条始自明代的古巷

高都司巷北起将军庙街西口，南至泉城路，东邻鞭指巷，西邻太平寺街。明崇祯十三年（1640）《历城县志》最早记载了这条老街的身世："高都司

巷：太平寺街东"。高都司巷名字是怎么来的，志书上缺载。望文生义，它可能因一位高姓都司在此居住而得名。原来为防止地方专权，明朝实行一省分置都、布、按三司的制度。都司为明代"三司"之一，全称都指挥使司，掌管一方之军。

高都司巷是见证老济南历史变迁的一条重要街道。清嘉庆二十二年（1817），济南银钱业行业协会"福德会馆"便建于此；清光绪二十九年（1903），私立公励中学堂在此巷成立；民国三年（1914），该学校与私立山左中学、济南官立中学堂合并组建成山东省立第一中学（济南一中前身）。

"省府前街西侧是保存至今的最大

23

2002 年 4 月，自高都司巷南口北望。李铭摄

一片民宅，高都司巷是此片民居中的重要街巷之一。仅仅是为建一家济南并不缺的超市就拆掉这样一条老街，实在是可惜！"2002年4月高都司巷拆迁前，一位老居民惋惜地说。

消而未失的七忠祠街

堪与高都司巷历史相提并论的是七忠祠。在高都司巷与鞭指巷之间，原有一条短街——七忠祠街，1965年并入泉城路。泉城路373号院即为过去的七忠祠。在明崇祯六年（1633）《历乘》所载的《历城县城图》上，七忠祠已是西门一带的地标性建筑。

铁铉，在济南历史上堪称最爷们儿的人物。朱元璋死后，燕王朱棣兴兵与侄子争夺皇位，时任山东参政的铁铉率众固守济南长达数月，因退敌有功升兵部尚书。其间，铁铉曾用诈降之计，将朱棣诱进西门瓮城。朱棣发现上当后，

2002年4月17日，高都司巷汇源里俯瞰。王晓明摄

拨马便跑，铁铉命人开动机关，将大铁闸从城门上突然降下，登时将朱棣的马头砸烂，朱棣换马后仓皇逃走。倘大铁闸再稍晚砸下，朱棣肯定会命丧济南城下，而明朝的历史也将因此而改写。

朱棣后来被迫绕开济南攻陷南京，然后发兵复取济南。济南城陷后，铁铉于淮南被俘，骂不绝口。朱棣命人割掉他的耳鼻，并投入油锅，但其骨架依然背对朱棣，堪称铮铮铁骨。

济南城内本有两处纪念铁铉的祠堂，一为铁公祠（大明湖北岸），一为七忠祠。铁公祠建于清代，而七忠祠则建于明代。并且从其所处的位置推断，这

里邻近西门，当年可能正是铁铉率众抗击朱棣的临时指挥部所在地。尽管朱棣杀了铁铉，但朱棣的子孙却对铁铉等人的忠勇深表敬重。于是在他们死后不到百年，官方便下令对铁铉等七名忠勇之士建祠纪念。两者相较，七忠祠的历史价值无疑比铁公祠还大。

老房子

2002年四五月间，高都司巷一带开始拆迁。拆迁区域同时还包括高都司巷周边的太平寺街6—24号、将军庙街双号24—30号及泉城路373号等部分民宅。

2002年4月，老住户在讲述高都司巷33号的历史。王晓明摄

2002 年 4 月，高都司巷 33 号院内。 王晓明摄

高都司巷 33 号
带花墙的回廊式院落

高都司巷 33 号位于巷南首路西，清代院落，约有 50 米 ×50 米大小，原有四五处子院落，俗称张家大院。

历经分割改建，拆迁前，高都司巷 33 号只剩下紧邻大门的一处院落尚保存完好。进大门后是一个东西向的更道，更道右侧正中的二门为传统的虎座门，门内侧走马板上的蝠（福）寿浮雕古朴雅致。二门内正对的是一座三开间二层小楼，腰板如意纹和雀替牡丹雕琢得细致入微。该楼东侧相邻的也是一座二层小楼，有门和正屋院落相通。

令人惊叹的是，正屋前尚存百年前的回廊式院落，院墙的上半截用传统青砖小瓦拼合出金钱纹、鱼鳞纹、麦芽叶、砂锅套等各式各样的花墙。当时，在老济南民宅中，回廊院落已经极为罕见，而如此漂亮的花墙则是绝无仅有。

2002 年 5 月初，拆迁中的高都司巷。前景是高都司巷 33 号院，漂亮的花墙隐约可见。 申胜利摄

高都司巷汇源里正门券门洞上所嵌"汇源里"三字隐约可辨。李超摄

高都司巷9号
走马板堪比状元府

拆迁前，高都司巷有老式门楼十余个，最有特色的莫过于位于街北端路西的9号院，这里过去是一家姓袁的大户人家，俗称袁家大院。袁家大院的大门为金柱大门，正门挑檐石上方以仙鹤、梅花鹿为图案的墀头砖雕栩栩如生；走马板的山水图案意境幽远。时任济南市考古研究所副所长的李铭说，与鞭指巷状元府相比，这块走马板毫不逊色。

可惜的是，后来伴随着高都司巷的拆迁，这块颇有特色的走马板已不知流落何处……

2002年4月，高都司巷9号正门走马板精雕细琢。李铭摄

2002年4月，拆迁前的高都司巷9号。李超摄

汇源里：黄百万家的豪宅

汇源里是高都司巷一个格局独特的大院，又称"黄家大院"。院内包含有6个高都司巷门牌号，其规模之大可见一斑。该院为前店后宅布局，临街长近30米的二层小楼为前店，从楼洞穿过，眼前是东西长五六十米的里分（院内更道），里分左右及前方分布着四五处宅院，每处宅院又由2—3个小院组成。在格局上，传统建筑多以正门中轴线为核心，左右对称展开，汇源里呈现出的却是"院套街、街连院"格局。当时该院正准备动迁的住户黄大爷说，汇源里是自家的祖宅，他祖父当年为吉泰估衣店的老板，"进了西门问黄百万，没有不知道的"。据1938年《济南商工人名录》记载，吉泰号创号于民国五年（1916），经理为黄汇川，有职员7人。当时济南估衣业有26家店铺，吉泰号以6000元资本高居首位。

建筑学者认为，从名称和格局看，汇源里带有明显的近代里弄特征。里弄是一种商品房性质的近代建筑形式，其"住宅区域"除自用外，还往往用于出租。济南开埠后，里弄在商埠区中大量出现，但老城中的大型里弄却没有几处。

2002年4月，高都司巷黄家大院的临街店为二层砖楼。李铭摄

2002 年 4 月，一位老街坊站在汇源里里面的门楼前。王晓明摄

高都司巷 1 号门旁墙体内砌着清初石碑。雍坚摄

高都司巷 1 号
清初石碑引出曲折往事

考古人员在高都司巷 1 号门楼北侧墙体内发现一块石碑，经辨认，碑文所刻原来是《清顺治十六年醮社三年圆满碑》。从现存碑座看，此碑不像是移来的。

据考证，清顺治七年（1650），天主教北京教区的西班牙教士嘉伯在济南将军庙街创建了济南最早的天主教堂，时称洋教堂。一时城中百姓备感恐慌，视其为"邪教"。为匡扶正统，百姓集资在洋教堂四角各修建关帝庙一座，以借关公神威来震慑洋教。

雍正二年（1724），将军庙街洋教堂被群众焚毁，传教士也被赶走，直到清道光年间才又在原址重建。没有了对手的关帝庙逐渐没落，乃至荒废。

高都司巷 1 号院墙内的石碑正是洋教堂西南角关帝庙留下来的旧物。由于它恰位于片区拆迁边线之外，如今还孤独地立在原处，向世人讲述着一个久远的故事。而如今位于洋教堂东南角的慈云观，据说也是在关帝庙原址上改建的。

泉城路 373 号
在劫难逃的七忠祠

泉城路 373 号原为七忠祠旧址。拆迁前，虽然这个著名祠堂早已废为民居，但门楼上的七忠祠石匾常常引得过路人驻足观看。那块石匾为清同治四年（1865）济南知府萧培元所书，萧培元为官清廉，能诗善书，在济南地方官中享有盛誉，济南的石圩墙便是由他主政期间修筑的。七忠祠石匾由济南府的一把手亲自书写，可见当时官方对修缮七忠祠的重视。

和"七忠祠"石匾同样有价值的还有该院保存下来的完整明代石碑。据住在该院的居民周先生讲，原来正屋中供有的七忠臣牌位在"文革"中被毁，长约4米的明代万历年间大石碑是被住户砌入墙体并涂上石灰才得以在"文革"中幸免于难的。据石碑上记载，"七忠"为兵部尚书铁铉、礼部尚书兼太子太保陈迪、刑部侍郎胡子昭、监察御史丁志芳、都督府断事高巍、东平州吏目郑华、济阳县教谕王省七人，均为明建文年间靖难死节之士。需要补充的是，最初的"七忠"中有都指挥使平安而无丁志芳，在明万历三十九年（1611），山东巡抚黄克缵拜谒七忠祠时，才用丁志芳的牌位替换下了平安的牌位。为什么这么做，因为在黄巡抚看来，平安就擒后，曾任大宁都指挥使，等明成祖追查他时才自杀，这种有变节嫌疑的人怎么能接受后人的祭拜呢？不过，黄克缵对平安的个人看法并未得到公认，明崇祯十三年（1640）《历城县志》上，在对"靖难死节"之士的记载中，依然有平安的事迹。清初学者施闰章在《愚山集》中，

2002年4月，泉城路373号七忠祠正门。王晓明摄

也为平安被黜七忠祠之事抱了不平，认为"平安血战，奋不顾身，文皇几危者数矣，不可谓不忠"。

2002年5月12日下午，在与拆迁单位签完合同后，住在泉城路373号内的周先生一家搬离这个院子。几天后，院门上的七忠祠石匾被人撬走。当月下旬，整个373号被拆除。拆前，文物部门派人拉走了院内的明代石碑……

2002 年 4 月，泉城路 339 号院内穿堂屋。王晓明摄

泉城路 339、343 号
七忠祠旁的豪宅

在高都司巷周边街区普查时，考古人员发现几处极有文物价值的老宅院。

泉城路 343 号：拆迁前为某锦标厂的李家大院是个以二层楼为主屋的四合院，楼高约 9 米，建于民国初年，西洋式爱奥尼克柱头与组合奇特的小瓦花脊使该民宅带有典型的中西合璧色彩。类似格局的院落在济南已寥寥无几。

泉城路 339 号：原为清末王姓盐商的私宅。百年古槐弯曲盘旋于门前，保存完好的门楼雕饰精美。二门内南北向分布着三进院落。中间的过堂院通过南北对称的过堂屋分别通向前后四合院，前四合院保存完整，后四合院正屋完好，檐下花牙子雀替精雕细琢。"芙蓉街也找不出这么好的老宅院。"老住户王先生说。

2002 年 4 月，泉城路 339 号有着高大门楼。王晓明摄

七忠祠被拆时
正值铁铉死难 600 周年

2002 年 4 月 18 日，经多家媒体报道后，广为市民关注的高都司巷文物保护问题一度传出令人振奋的消息：有关部门临时决定暂停高都司巷的拆迁。这一日，高都司巷 11 号的东、南、西屋均已被揭了顶，只剩下孤零零的老门楼尚完整地立在那里。

此后十几天，高都司巷确实"消停"下来，街面上走来走去的都是闻讯前来拍照的市民。在他们当中，一位叫李超的中学生在频繁地按动着傻瓜相机的快门。6 年后的一天，李超将他拍摄的全套高都司巷老照片送给了笔者，照片上显示的拍摄时间为"020421"。

李超们所做的，仅仅是将高都司巷的老房子用相机定格下来。令他们想不到的是，就在当年的五一长假期间，高都司巷迅速在铲车轰鸣中化为一堆瓦砾。速度之快，使人不禁想起一个网络新词——"迅雷不及掩耳盗铃"。

尤其令人惋惜的是七忠祠的消失！拆迁前，在该院居民搬走后，为提醒有关部门加强对七忠祠碑刻的保护，笔者曾采写《泉城路：有人高价收购七忠祠匾》一文，刊发在 2002 年

5 月 13 日的《生活日报》上。该报道并没有引起有关部门对七忠祠石匾的保护。两天后，让人担心的事情终于发生了，"七忠祠"石匾一夜间被人撬走，自此不知下落。十几天后，七忠祠也被当作普通民居给拆掉了！

七忠祠被拆的这一年，距其奉祀者铁铉的死难之期——明建文四年（1402）——正好是 600 周年！虽说"卧龙跃马终黄土"，可济南，委实不应以这种方式来"纪念"这样一位誓死守城的忠勇之士。

记得在高都司巷拆迁之际，一位力倡弘扬济南名士文化的著名学者曾撰文称："有什么不能拆的，这里没有什么古建筑可保护……这些老宅子根本不适合人住。"

七忠祠的拆迁，对于他和他的所谓倡导，无疑都是莫大的反讽！

旧军门巷

藏着巡抚故宅

- ◈ 街区地标：旧军门巷
- ◈ 街区特质：名人故居
- ◈ 拆迁时间：2002年

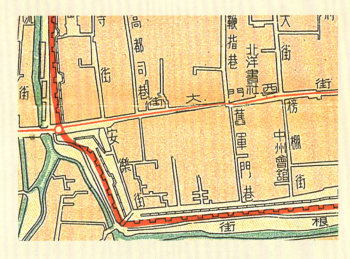

1947年《济南市街道详图》上的旧军门巷一带

丁文诚公遗像。丁健供图

再回首

旧军门巷，因明代的督抚军门位于此巷而得名。据《济南市历下区地名志》载，明正统五年（1440），设山东巡抚。明成化元年（1465），在此巷建巡抚衙门，称巡抚都察院，后来巡抚的职责逐渐增加，至明代晚期，其衙门遂改称督抚军门，简称军门。翻开明崇祯《历城县志》，在该书所附《济南城图》上，已经能找到那座名为"军门"衙署建筑。不过，该书卷三《建置志上·衢市》中并未有"军门巷"之记载。明亡后，清初的山东巡抚亦在此办公，直至康熙五年（1666）才搬往在旧德王府址上新建

的山东抚署。原址称"军门巷"或在此后，其名称一直延续到清代中晚期，在光绪年间刊印的《省城街巷全图》上，巷名略有改动，称"旧军门巷"。

在济南老城中，旧军门巷与鞭指巷隔泉城路相对，二者颇有一比。鞭指巷之所以有名，是因为巷中段路西有著名的状元府——晚清状元陈冕之家；而旧军门巷毫不逊色，与曾国藩、左宗棠、李鸿章等齐名的晚清中兴名臣丁宝桢，当年就住在街中段路西的大院中。

丁宝桢的一生作为

丁宝桢，1820 年生于贵州平远。23 岁中举，33 岁时中进士，自此步入仕途。1863 年由长沙知府调任山东按察使，次

丁宝桢像。丁健供图

年任布政使，1867年升为山东巡抚，因在"平捻"中屡立奇功，数次受清廷降旨褒奖。

丁宝桢秉性刚直不阿，不畏权势。关于他的故事屡见于正史和野史。第一个故事和一位王爷有关。据说丁宝桢在山东平捻时，受忠亲王僧格林沁节制。僧王有个不成文的规矩，见巡抚以下官员是从来不给设座的。僧王第一次命丁宝桢商议军事时，丁宝桢刚刚升任山东按察使，尚属没座的级别。去之前，丁宝桢故意让人转告心高气傲的僧王："同议国事，坐则谈，不坐则罢！"

僧格林沁得报后对丁宝桢的胆识大为惊异：我倒要见见这个小小的按察使是何方神圣，给他设座让他来见。及待见面后，丁宝桢的满腹韬略和不卑不亢的气度竟让僧格林沁也为之折服。后丁宝桢平捻中战功卓著，同治皇帝曾连下了七道圣旨予以嘉奖。

另一个故事和一个太监有关。同治八年（1869）秋天，慈禧太后派心腹太监安德海南下采办龙衣。安德海一路招权纳贿，搞得地方鸡犬不宁。船到山东境内后，地方官上报巡抚丁宝桢。丁宝桢大怒，以清宫祖训"太监不得私自离京"为由，派骑兵将安德海在泰安抓获，并火速上报与慈禧太后有矛盾的慈安太后，获许后决定将安德海就地正法。可就在此时，慈禧太后发来解救安德海的懿旨。丁宝桢果断地决定"前门接旨，后门斩首"，将安德海拉到西门外丁字街（今饮虎池街北段）斩首。既然生米做成熟饭，慈禧太后最后也奈何不得。这件敢在太岁头上动土的惊人之举，一时震惊朝野，曾国藩赞叹丁宝桢为"豪杰士"。

丁宝桢可谓是清代山东最有作为的地方官。他在此做了近10年的巡抚，此间创办了山东第一座近代兵工厂——山东机器局，创办了近代山东最早的官办书局——山东书局，创办了集学习儒学、天文、舆地、算术于一体的尚志书院，还修筑了著名的障东堤，使鲁西南一带免除了黄河水漫灌之苦……

至今，"丁宝桢智杀安德海"的故事还在济南的街头巷尾流传，由丁宝桢家厨独创的"宫保鸡丁"成为泉城的鲁菜馆、川菜馆都能吃到的佳肴。

他为何要叶落归鲁

光绪二年（1876）丁宝桢调升四川总督，光绪十二年（1886）四月二十一日死于成都任上。次年九月二十五日归葬济南祝甸的丁家林子。一位贵州人，离任山东十年之久，为何他的灵柩要长途跋涉从成都运抵济南呢？

这是一个正史记载中难以翔实解答的问题。2007年3月，笔者与丁宝桢四世嫡孙丁健坐在一起喝茶时，才真正找到了答案。

"高祖（丁宝桢）之所以葬在山东，一是因为他是文人出身，从小就景仰孔孟之乡，在山东为官十余年后，更把这里当成了第二故乡；二是因为他已经无家可归。在他中进士后，因母亲病故回

2002年，丁宝桢故宅正门挑檐石上精致的狮子滚绣球浮雕。雍坚摄

二门

正门

2002 年 4 月，鸟瞰巡抚故宅。郭建政摄

44

2002 年，丁宝桢故宅中的青砖古墙。李铭 摄

丁宝桢故宅门枕石如今被济南民俗艺术馆收藏。郭建政摄

家居丧，此时贵州平远一带正闹'匪患'，他毅然变卖了所有家产，招募乡勇保卫家乡，自此开始戎马生涯，后因战功卓著，被调任山东。"丁健将百年前的家事娓娓道来。

他说，按清朝的规矩，异地做官者是不能把家安在任职之地的，而丁宝桢携家眷及兄弟族人一起来山东后，妻子谌氏和二哥等人都先他而去世，又不能将亲人归葬原籍，于是向朝廷请旨，在济南购置了十亩土地。位于祝甸附近的丁家林子和旧军门巷的丁家大院应该是在这种情况下获得了朝廷特批方才成为事实。

丁宝桢去世后，朝廷下旨，灵柩归葬济南，可以一路直行，遇水搭桥，逢屋拆屋。丁氏后人唯恐扰民，于是舍近取远，选择走水路回济南，因此路上走了近一年半。

老 房 子

在 2002 年 4 月进行的文物普查中，位于省城旧军门巷的一座规格很高的旧式门楼被文物工作者"重新发现"，这里是晚清山东巡抚丁宝桢的故宅。

之所以用"重新发现"，是因为，早在1985年出版的《济南掌故》一书（严薇青先生著）中，就明确记有"西门里旧军门巷中间路西十一号大门，即当年丁氏故居"。或许和当年对丁宝桢的历史评价有关，人们并没有意识到它的人文价值，它在世人眼中的身份，就是个普普通通的老房子。

旧军门巷 11 号
门楼影壁规格颇高

2002 年 4 月初，济南市考古研究所工作人员在紧挨泉城路的旧军门巷 11 号，"发现"了一处豪宅。它的门楼竟有六七米之高，整体保存完好，门枕石高约 0.7 米，石面雕有石榴、佛手、葡萄、寿桃等精致图案，挑檐石上的狮子滚绣球石雕及门楣上方的高浮雕走马板均保存完好。门楼内侧为左右门房。

在此长大的成建华老人说，以前门前为石阶，门槛很高，两侧为上马石。据了解，规格如此高大的门楼在济南老城几乎绝无仅有，与一般民宅形成显著等级差别。与门楼规格相称的是，进门后正前方那堵 5 米来宽、4 米多高的影壁。

经考证，这里就是丁宝桢故宅。其院落原始大小应为南北长约 30 米，东西长约 70 米，内分为五处院落。在结构上具有中国传统建筑的典型特色，沿正门向西的中轴线，三进院落依次展开。这三进院落北面另有两处跨院，为书房和仆人居室。可惜的是，建于 20 世纪 70 年代的一单位厂房楼将院落及建筑侵吞大半，从残墙的旧屋依稀能看出当年的豪华。院内老人回忆说，当时由东、西、南、北上房组成的大宅院阔着呢，虽是平房，高度却能赶上现在的二层楼。

遗憾在预料中上演
巡抚故宅建成写字楼

"'文革'中这个宅子里被烧掉的书籍、官服都丢成了小山，家具、古玩摔得摔、丢得丢，现在就剩下门楼、影壁和几间旧房子了，再拆掉，后人可什么都看不到了！" 2002 年 4 月，住在巡抚故宅里的 73 岁的宁老太太说。

宁老太太所担心的也是文物专家所担心的。时任济南市考古所副所长的李铭为保护丁宝桢故宅曾四处奔波，得知旧军门巷的规划无法全盘改变时，他说，即便是巡抚院落没法恢复，一个门楼、一堵影壁同样具有极其重要的保护价值。毕竟，这是济南唯一一处巡抚故居，而其主人是叱咤风云的"豪杰士"丁宝桢。

李铭这种"退而求其次"的呼吁同样于事无补。因为这里早被规划为一栋写字楼，2002 年 10 月中旬，旧军门巷一带正式实施拆迁。

拆迁前，时任济南市文化局文物处处长的刘伯勤曾说："目前来看，对丁宝桢故宅的部分残存建筑进行就地保护是很困难了。当务之急是由文物部门来抢救资料，包括照相、测绘、收集建筑部件，以备博物馆存档或将来易地重建。"刘伯勤同时强调，易地保护是迫不得已之举，古建筑等文物一旦脱离了原始环境，其文化价值将大打折扣。

旧军门巷藏着巡抚故宅

2002 年，拆迁前的丁宝桢故宅。李铭摄

2002 年秋，拆迁中的丁宝桢故宅门楼。网友"月上中秋"

鲜为人知的旧事：
故宅曾卖给旧军孟家

"我们丁家后人在填籍贯时写的不是贵州平远，而是济南市旧军门巷11号。"2007年3月的一天，操着一口地道济南话的丁健先生笑着说。虽然身为丁宝桢的五世嫡孙，但他为人谦卑低调，以至于他的很多同事朋友都不知道他的显赫家世。

据丁健介绍，其高祖丁宝桢膝下有五子五女，五子均有官衔。其曾祖丁体常是长子，先后任署大同知府、特授潞安知府、甘肃按察使、广东布政使、广西护理巡抚等职；丁体常膝下有两个儿子，长子丁道周是丁健的祖父，在国民政府时期曾任财政部造币局副局长。日伪时期，丁道周因不愿出头为日本人做事，避居天津租界，致使家境拮据。1942年去世后，丁家大院在那个时候被迫卖给了巨商孟雏川家族，作为孟雏川女儿的嫁妆，继而成为孟雏川的女婿沈炳斋的房产。丁家在卖房后继续租用其中的花园院居住，直到1948年才搬离。

丁道周娶妻曲阜孔氏，膝下有五子五女，小时候都生活在丁家大院。丁道周的长子丁泽霆是丁健的父亲，建国后他一直在济南工作，2006年因病去世，享年87岁。2007年，丁健五十出头，有个女儿正在读大学，如此算起来，丁宝桢家族在济南已经生活了六代。

2003年，旧军门巷考古发掘现场。左庆摄

余之音

"有名无分"的尴尬

建于1888年的丁公祠，早在1959年便被辟建为趵突泉公园中的李清照纪念堂；位于祝甸附近的丁宝桢墓，数十年前也伴随着丁家林子被厂区占用而湮没；位于旧军门巷11号的丁宝桢故宅残存建筑于2002年被拆除……

名分，是很重要的。直到2002年3月旧军门巷贴出动迁公告，旧军门巷11号丁宝桢故宅依然没有被列入任何级别的文物保护单位。有名无分，这使丁宝桢故居的被拆除成为偶然中的必然。

祠堂改了，墓葬没了，故居拆了，除珍珠泉大院中的巡抚大堂、趵突泉公园中的尚志堂、千佛山上的丁宝桢十二条屏碑刻外，在济南，想要寻找与丁宝桢相关的其他历史物证，恐怕只能从故纸堆中去检索了。

历史是由人的故事串成的。身为历史文化名城的济南，把"名士文化"当作一大要素。可我们却眼睁睁看着一座座名人故居消失，与之相维系的名士文化又何处栖身？

2002年10月初，在丁宝桢故宅面临拆迁之际，笔者曾采访了一位山东省文物专家，他当时有感而发："丁宝桢故宅评个省级重点文物保护单位毫不为过，可现在说什么都晚了。"10

2003年，旧军门巷工地出土的商代陶鬶足部。

郭建政摄

2003年，旧军门巷工地出土的商代鬲足。

郭建政摄

2003年，旧军门巷考古发掘现场。郭建政摄

2003年，旧军门巷考古发掘现场。王晓明摄

月中旬，丁宝桢门楼拆迁时，文物部门曾收走了部分建筑构件，说以备将来易地重建之用。而丁宝桢故居被拆后，关于对其易地重建的说法，此后却不再有人提起。

2002年底至2003年初，济南市区的第二次城市考古发掘在旧军门巷展开。考古人员在丁宝桢故宅地下五六米深处，发现数件商代炊具陶鬲、陶甗残部。这是济南古城区首次发现商代器物，说明早在三千年前此处已有先民生存，此发现为春秋前古城泺邑的存在提供了实物佐证。2003年3月3日，笔者有幸独家报道了这一重要发现。这应该算是丁宝桢故宅"拆"出的唯一利好消息吧。

此后不久，旧军门巷一带被现代写字楼所取代，这条崭新的老街已很难让人联想到和近代历史名人丁宝桢有关。

县西巷，

别时容易见时难

- 街区地标：县西巷
- 街区特质：民居泉井寺庙老字号
- 拆迁时间：2002 年底至 2003 年初

1947 年《济南市街道详图》上的县西巷一带

2002 年 11 月，县西巷南口。郭建政摄

再 回 首

　　这里的道路，当年曾是贯通老济南城南北的干道；这里的街区，当年属于《老残游记》中盛赞的"家家泉水"区域；这里的中央泉、九华楼、太和阁碑、关帝庙、四合院……无不沉淀着耐人寻味的老济南典故。2002 年春天，在县西巷综合整治工程进入倒计时之际，这条声名逐渐式微的小巷一夜间成为众市民注目的焦点。

老街牵出依稀往事

　　600 多年前，当山东按察司治所设在济南，需要将原济南府署改为按察司署（今泉城中学一带）、原开元寺改建为济南府署（今省政协一带）时，开元寺钟楼被迁至大明湖东南岸镇安院，民间俗称钟楼寺。钟楼寺街旁的街遂被定名为钟楼寺街。至今，当年的钟楼台基仍坐落于大明湖新区内。500 多年前，明德王大兴土木修建德王府（原址在今珍珠泉大院一带）时，其东与旧历城县署隔路相对。县署与王府间的那条南北路于是得名为"县西巷"。

别看这两条老街加起来长不足800米，当年却是贯通老济南南北交通的要道。从济南南门入城，穿过舜井街、县西巷和钟楼寺街到大明湖南岸的司家码头。抚今追昔，多少达官显贵、游商坐贾和平头百姓在这条老街上曾经留下他们的足迹⋯⋯

2002年3月，一位家长带着孩子在九华楼院内观看无名泉。申胜利摄

县西巷综合整治工程南起泉城路，北至大明湖路，全长769米，包括县西巷和钟楼寺街两条南北路的拓宽改造。按规划，该路为一级次干路，道路红线宽25米，两侧规划建设6万多平方米的仿古商住楼群。这意味着，原来仅有四五米宽的古街将要嬗变。

比照20世纪90年代的街巷图可知，该工程将要涉及的其实还有万寿宫街、北察院街、东西菜园街、兴隆店街、后宰门街、米廒门前街、大厅门前街、县后街、县前街、北财盛巷、牛头巷等十余条古街巷，它们中的大部分要被完全拆除，沉淀在这些老街上的历史故事此后将"花果飘零"。

从旧城改造的角度看，将每日排进护城河的10多万吨污水截留并输向净化厂需要从县西巷—钟楼寺街一线敷设主干管线，疏通泉城路周边日益加剧的交通压力也需要打通县西巷—钟楼寺街一线的交通瓶颈。

可从文化传承的角度看，这种曲巷通幽的街巷格局恰是老济南明府城的典型风貌，它们的消失意味着历史的断裂。

旧城改造与文化传承之间是一个难解的结。

那些难舍的市井泉

在地下水走向上，县西巷与黑虎泉—舜井一脉相连，地下水资源极为丰富。历经岁月沧桑，虽然不少泉眼已遭占压和填埋，但至2003年拆迁前，尚有

2002 年 11 月，县西巷 40 号的无名泉（俗称"尺子泉"）。 郭建政摄

18 处市井泉常年不涸，是老济南"家家泉水，户户垂杨"历史风貌的重要区域。它们中虽然只有中央泉、尺子泉、永安泉、鉴泉等几处泉井有名字，更多无名的市井泉同样弥足珍贵。

县西巷 40 号的院中泉井被附近街坊亲切地称为"尺子泉"，是颇有名气的地下水位"监测仪"，只要该泉水面涨到井壁上的特定青砖位置，济南四大泉群就到了全部喷涌的时间。2002 年 11 月底，正准备搬迁的该院住户杨大爷不无忧虑地说："我刚将在泉池中养了 8 年的大黑鱼送到五龙潭放了生。这么好的泉，政府如能保存下来，将来在此开个茶馆肯定火！"

当时，县西巷 13 号院中无名泉水

2002 年 11 月，老街坊在县西巷 13 号的无名泉取水。郭建政摄

势依然旺盛，水面距地面不足两米，清澈见底。在此住了60多年的贾老太太说，记忆中这个泉就没有断过流儿。

县马园子街9号的鉴泉，为山东省立竞进女子高等小学校校长、济南著名教育家张印千家中之泉。1938年，张家因战乱离开济南。漂泊在外的他念念不忘济南老宅中的那眼泉。临终前，嘱托儿女们，一旦能回济南定居，一定要保护好那眼泉。县西巷拆迁改造中，张家后人获得了一笔拆迁补偿，他们拿出1万元委托济南市名泉办，用于修复鉴泉。

2005年，为与南门古鉴泉相区别，鉴泉改为步月泉（张印千号步月），并列入《济南市名泉名录》。2010年春天，步月泉泉址处堆积着建筑垃圾，能否找到该泉泉眼并予以恢复尚存变数……

赫赫有名的中央泉位于县西巷2号（详见后文）……

在县西巷片区拆迁后，原来的18处市井泉多半已长眠于地下。

另悉，规划区内古树计有11株，树龄最长者有300多岁，有关部门在拆迁前承诺它们中多数将就地保护，其余移

2002年11月，九华楼。郭建政摄

植。后来的事实证明，所谓"承诺"在很大程度上不过是托词。

老 房 子

县西巷片区的特色历史建筑大致可分为老字号旧址、传统民居、寺庙会馆等几种。

后宰门街 2 号
九转大肠的诞生地——九华楼

清光绪初年，济南府"九华楼"酒店生意格外红火，天天门庭若市。原来，掌勺大师傅一改猪下货不上大席的传统，将猪大肠用全料煮熟焯过，后炸，再烧，出勺入锅反复多次，直到烧煨至熟。端上餐桌后客人们赞不绝口，这道入口滑润，兼有酸、甜、香、辣、咸五味的菜肴，被席间一文人赠名为"九转大肠"，意为厨师技艺高超和制作此菜工序复杂，五味俱全。2002 年，九转大肠已然是鲁菜中响当当的看家菜，而矗立于县西巷与后宰门街交界口的九华楼仅剩下一座单楼，门牌为后宰门街 2 号。

2003 年 1 月，九华楼拆迁中。申胜利摄

2003 年 5 月 13 日，被拆下九华楼石匾。申胜利摄

该建筑是原九华楼的北楼，砖石木结构，二层三间木阁，拱形门楼券门上方刻有道劲楷书"九华楼"石匾。石匾两侧为圆形花棂窗。楼体上还有精致砖雕石雕，楼梯设在室外，二层铺有木地板，属于典型的清末建筑。在九华楼院里，还有一口四季不涸的小巧泉井，方形井沿，水清可鉴。

九华楼何时没落、何以没落？有限的历史文本没有提供翔实的答案。1914年出版的《济南指南》一书中，记载了当时济南的 15 家中菜馆，其中便有后宰门街九华楼。而 1919 年再版的《济南指南》一书中，还是列举了济南 15 家中菜馆，但其中已没有九华楼的名字。其中新增的后宰门街东华楼，或为九华楼易主后改称的饭庄。

原住在后宰门街 2 号的盛长贵先生说，1947 年前他就出生在九华楼，该楼是他外祖父买下的。正是因为他们家对九华楼的多次维修，才使得这个百年小楼完整保留至今。"文革"中他还特意用白灰把石匾糊起来，才使得该石匾免遭破坏。

县西巷 2 号院
颇有名气的泉水院落

县西巷 2 号院是县西巷北头路东第一家，位于九华楼东侧。这是一处中规中矩的传统四合院民居，青砖门楼磨砖对缝，顶部为小瓦花脊。背对街面的西厢房青石到顶，西厢房北面高耸的是座

2002 年 11 月，县西巷的名泉——中央泉。

郭建政摄

二层绣楼，从街面上一眼就能看见其高翘蝎子尾的透风脊。因为有味道，这座标准庭院成为摄影爱好者频频按动相机快门的对象。

县西巷2号院的另一个重要看点是，名头很大的中央泉就位于此院内东厢房北侧。透过高约尺许的石井沿可以看到，中央泉水位距地面只有1米距离，弯腰放下水桶即可取水。与泉井相邻的东厢房墙体上镶嵌着中央泉泉碑，碑文为"泉名中央，载在县志，乃古迹也。宣统三年岁次辛亥春三月吉日，本宅主人舒卿氏黄士泰立并书"。

有些意外的是，2号院那座绣楼，此前虽并未被公布为保留建筑，但在拆迁时却意外被保留了下来，貌似又在原址"坚持"了七八年才被拆掉。在济南一旅行社供职的李冉女士上小学时曾在这个绣楼中住过两年，她的姥姥是2号院的住户之一。李冉回忆道，有一年冬天，班里取暖缺木柴，她就自作主张把绣楼的窗棂子拆下来拿到班里生火用了，还受到老师的表扬。"那时，哪知道它们有文物价值呀"。

对照2002年春天考古人员的实地考察记录，像2号院这样有旧式民居的院落尚有20来处，它们当中不乏有价值的"古董"。如县西巷74号的旧式绣楼、县西巷33号院现存的临街门楼、县西巷66号的百年阁楼，其建筑

2002年11月，县西巷2号。郭建政摄

样式均具有较高的价值。时任济南市考古研究所副所长的李铭介绍说，县西巷一带的民居既不同于芙蓉街一带的商业区民居，也与高都司巷的豪华民居有明显区别，其三进院落不多，门楼规格相对较小，估计旧时以平民住户居多。正因如此，它算是老济南民居中的一种代表类型。

兴隆店街 8 号、10 号院
雕饰精美

兴隆店街原是位于钟楼寺街路东的一条东西向小街。兴隆店街 8 号是济南仅存的几处平面布局保存完整、有精美砖、石、木雕的四合院之一，曾经是思敏居委会办公地。走进大门后，左右各

县西巷，别时容易见时难

2002 年春，兴隆店街 8 号西院。雍坚摄

有两扇二门，据说原来是居住着兄弟两个，一家一个四合院。左边四合院已面目全非；右边的虽然历尽沧桑，然风韵犹存，前院后院，正屋、东西厢房、游廊雕刻依然保存着当年的模样。八仙福禄图，石雕柱础，镂雕花格窗，清晰可辨。穿过游廊，进入后院，正门门上"善是福基绵世泽，仁为寿相养天和"，横

2002 年春，兴隆店街 8 号的雕花柱础。雍坚摄

2002年春，兴隆店街8号、10号院俯瞰。雍坚摄

批"富贵寿考"则微露痕迹。与8号相邻的兴隆店街10号，也是一家比较完整的四合院。二门右侧是一块鼓状上马石，表面被岁月打磨得溜光瓦亮。传统的建筑皆是坐北朝南，而这个院子别具一格，正屋坐南朝北。拆迁前，王庆明老人在此已居住了50多年了，据说此处原是属于孙姓人家的房子。

兴隆店街8号、10号和九华楼加起来总面积有700多平方米，这两座民宅原拟和九华楼一起搬到钟楼寺街西侧的关帝庙附近落脚，与关帝庙、福慧禅林、江西会馆共同组成一组古建筑群。按照当时有关部门的说法，"这不仅在济南旧城改造中破了天荒，在济南文物保护史上，对尚未列入文物保护单位的民宅实施迁建亦是第一遭"。

遗憾的是，当初的搬迁重建方案并未实施。由于早早地把院中居民动迁走了，人去屋空的8号、10号院年复一年地破败。最后，又被悄然拆除。

拆迁"发现"的寺庙会馆

后宰门街关帝庙位于后宰门街东首路北，原是一处规模颇大的建筑群。济南城内有多处关帝庙，但此处是最大的。据《济南市志》记载，该庙始建于宋代，初名汉寿亭侯庙，后改称关岳庙、关帝庙。清末被巡警总局占用，民国时期赫赫有名的山东国术馆曾设于此。从老地图上还可以发现，关帝庙与府学文庙分别位于山东抚署的东北角和西北角，一武一文，大致对称分布。

新中国建立后，后宰门街关帝庙被辟为民居，若不是2002年进行的县西巷、钟楼寺街一带的拆迁改造，多数人压根不知道它还存在。

2002年的后宰门街关帝庙，主殿后檐坍塌后仅剩下东山墙，粗大的梁架暴露于外，大殿前卷棚顶、后歇山顶勾连搭、顶覆绿琉璃瓦。主殿前的左右厢房楼及主殿后的寝殿则保存基本完整。据记载，清康熙五十八年（1719）、乾隆二十五年（1760）、嘉庆十五年（1810）曾重修关帝庙。当年前后殿分别供奉关羽、姜太公塑像。一位家住附近的老街

2003年秋，后宰门街关帝庙俯瞰。雍坚摄

坊说，"文革"期间，庙内碑刻被拉倒后，埋进了主殿室内。

由于前面添加了临街建筑，探访后宰门街关帝庙须从北面绕进去，此处的门牌为万寿宫街4号。街北面为民国时期济南最大的会馆——江西会馆，万寿宫即江西会馆之别名。

2002年，江西会馆的身份是省级机关汽修厂。幸运的是，会馆大殿尚存。虽然花棂窗换成了玻璃窗、屋顶古瓦被置换成了新式红瓦，但前卷棚后硬山式大殿的基本建筑形式依然完整。屋内经吊顶、铺瓷砖后已看不出原始风貌，但直径近半米的粗大立柱足以说明昔日三开间、三进间的气派格局。值得一提的是，该建筑东西长约15米，而南北跨度却有17米许，可谓是一座罕见的"宽大于长"的建筑。

据考证，济南有史可查的会馆中，江西会馆是最老的，在明代已经存在，当时叫"万寿宫"，康熙四十六年（1707）扩大规模。乾隆五十年（1785）重修后，改名为"江西会馆"。

此外，关帝庙西侧还隐藏着一座佛教建筑——福慧禅林。福慧禅林又名福慧寺，据《济南市志》记载，它建于明代，清道光年间修补（《济南市房地产志资料》中说它"传建于唐代"）。福慧禅林大殿位于后宰门街东首原钟楼寺派出所西侧的一条支巷（旧称塘子胡同）中，门牌号原为后宰门街11号。新中国成立后，这里曾一度改为后宰门菜市场，庙前有大棚卖菜，庙里卖油盐酱醋。2003年初，伴随着临街建筑的拆迁，这座深藏多年的佛教大殿向世人显露出本来面目。

2003年1月，江西会馆大殿。郭建政摄

2003 年 1 月，福慧禅林大殿。郭建政摄

福慧禅林大殿为三开间三进间结构，大殿东西长 14 米，进深约 10 米，基本保存完好的梁架上依稀可见斑驳的彩绘。虽被积年灰尘所蒙蔽，大殿顶上绿琉璃瓦仍透露出昔日的富丽堂皇。为防备大殿建筑构件遭受不测，文物部将大殿前檐独具特色瓦当暂时拆下保存，以待将来修复福慧禅林大殿时再放回原处。

据记载，福慧禅林原占地面积 700 余平方米，有房九十九间。新中国成立后为后宰门副食品店占用，拆除了原山门、东西配殿，改建成门市部楼房。

2003 年 1 月，福慧禅林大殿的瓦当和滴水。申胜利摄

余之音

一声叹息：九华楼和中央泉

2002年12月29日，笔者骑车途经县西巷时，赫然发现，九华楼已被揭顶，站在楼墙上的3个民工正抡起铁镐继续扩大"战果"，九华楼的后檐齐整的条砖被掀开了豁口，历经百年风雨的青砖小瓦从6米左右的高空跌落尘埃，落地后多数破碎。笔者转到九华楼南面，发现该楼前脸楼壁已被打掉，檩、椽散落在地。这些建筑构件在未经编号的情况下，被负责清理现场的民工扛到县西巷6号院内，同原来堆在那里的其他房屋建筑构件混放在一起。

古建筑搬迁原则是"修旧如旧"，不仅拆前要进行复杂的建筑测绘，而且拆时还要对砖、瓦、梁、檩等每一个建筑部件进行标号，以备重建时最大限度地使用原始构件。像九华楼那样的粗暴拆迁显然是犯了"大忌"。

2002年12月30日，笔者所写的《九华楼迁建令人担忧》独家报道了这一文物破坏事件，一时在济南坊间引发强烈反响……九华楼的拆迁随后被暂时叫停。拆掉顶子的九华楼孤零零在原地站了小半年后，2003年5月13日，它被最后拆迁，文物部门将九华

拆迁前，济南最早的医药广告碑——太和阁碑——被砌在后宰门街东首路北一临街房门口。郭建政摄

2002年12月30日，笔者对九华楼拆迁的独家报道。

楼石匾等残留建筑构件收走。

县西巷拆迁前，有关部门曾承诺，九华楼、兴隆店街8号、10号院将实施搬迁重建。当年的承诺后来被"打折"实施，九华楼离开了原址、未怎么使用原始构件，只是象征性地被"复建"在原址西北。而兴隆店街的老房子则不知所终。

与九华楼命运相仿的是与之比邻的中央泉。

2002年12月底，位于县西巷2号院的中央泉泉碑不见了。据说是被一位房主撬下带走了，起因是房主开出的补偿价格未得到拆迁部门的认同。当时我想，碑被拿走固然遗憾，幸运的是将来能恢复这眼名泉。按照当时济南市名泉办一负责人的说法，县西巷片区内，以中央泉为代表18处泉井都要进行保护，位于马路上的泉井及其余不便就地保护的泉将设法把泉源引到路边或规划中的绿地处重建泉池。

这种美好的期待在我心中一直延续到2009年底。当我再次来到县西巷寻访中央泉时，因为有县西巷2号那栋原址保留的绣楼为参照，很容易便能确定中央泉的大体位置。然而，映入眼帘的却是，绣楼前的区域成为钢筋混凝土浇筑的工地，中央泉泉址荡然无存。县西巷商业街开发方一负责人解释说，"他们拿到这块地时，这里已拆成平地，看不出中央泉的确切位置……在开发建设过程中，将重新恢复中央泉。"

原始的中央泉没了，倘再从旁边挖一口井并命名为"中央泉"，糊弄外地人尚可，对曾经见过真正中央泉的人来说，这不是指鹿为马吗？后来，并未见到中央泉的恢复。倒是它旁边那座小绣楼，也被悄悄地拆掉了。

卫巷，
远去的明代老街

◈ 街区地标：卫巷

◈ 街区特质：民居庙宇

◈ 拆迁时间：2006 年

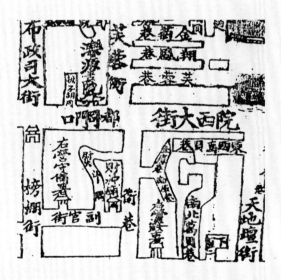

1902 年《省城街巷全图》上的卫巷一带

2006 年 6 月，拆迁前的卫巷聚集着不少快餐店。雍坚 / 摄

再 回 首

卫巷南通黑虎泉西路，北接泉城路，是济南老城中的一条明代老街，因位于济南卫之西而得名。明崇祯十三年（1640）《历城县志》最早记载它的存在："卫巷：济南卫西。"济南卫是明代的军事机构，隶属于都指挥使司。

卫巷街区的变迁

从明清至民国时期，卫巷的名字一成不变地延续下来。1967 年，卫巷曾改名为新涌泉街，但 1980 年整顿街门牌时复称卫巷。

卫巷两侧原来都有支巷，西侧原来叫"熨斗隅"（又名"云头隅"），东侧原来叫裤裆巷。裤裆巷街形似裤裆，故名。因为这样听起来不雅，后来官方曾将其雅称"北库巷"和"南库巷"，在光绪壬寅年（1902）的《省城街巷全图》上就是这么标注的。此外，裤裆巷还曾雅称"湖塘巷"。雅称归雅称，但坊间对它的称呼依然故我。2006 年卫巷拆迁前，裤裆巷街牌早已并入卫巷很多年，虽然街巷尺度、形状未变，很多人已经不知道它的存在。在卫巷中段路东有个挂着"一香醉快餐"招牌的窄巷子，从这里走进去，只见里面街巷又分岔，向南北两面曲里拐弯地延伸，有大量的旧时院

2006年6月，裤裆巷中
低矮简易的民居门楼。
雍坚摄

落。不过，建筑档次不是很高，都是些简易门楼小院落，灰、红砖混杂。这个小巷的味道就在于它的曲径通幽，租住在里面的房客多是在周边做小生意的外地人。

拆迁前的快餐一条街

卫巷北隔泉城路与芙蓉街遥遥相对。20世纪90年代，泉城路人流如织，芙蓉街、芙蓉巷和卫巷便演变成为泉城路的营业员和顾客提供快餐的地方。

在2001年泉城路改造后，芙蓉街的餐饮档次有所提高，新开了几家鲁菜饭馆，芙蓉巷也增设了几家窗明几净的特色餐馆。与之相比，保留着原始面貌的卫巷则更加大众化和平民化。因为这个缘故，卫巷留给世人的最后感觉总是拥挤的人流和浓郁的油烟味。坐公交车的时候，经常能听到人们在谈论，卫巷哪一家小店四喜丸子做得好，哪一家小店焖饼炒得香。

匆匆来此果腹的上班族或者过客，很少有人抬头仔细看看那些被招牌半遮半掩的高大门楼。

卫巷 27 号的福寿祥云走马板如今被济南民俗艺术馆珍藏。雍坚摄

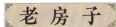

旧时的卫巷，并不是小吃一条街，也不是平民大杂院，而是高门大户的聚居区。

卫巷 27、16、58、60 号
昔日都有着高大门楼

改革开放以来，卫巷的拆迁改造可分为前后两次。第一次在 1995 年前后，卫巷路西及府馆街一带拆迁改造，很多高门大户宅院在拆迁中消失。颇有些遗憾的是，好像并没有人拍摄过那些被拆掉的院落。

在位于老城区的济南市民俗艺术馆的展厅西墙上，有一大、九小，十块雕花木板，大雕花板为大门门楼中的走马

板，以福寿祥云为题材，雕工精湛，精美大气。它们的收藏者、济南市民俗艺术馆馆长刘学斌介绍说，这批精致木雕便来自 1995 年前后被拆掉的卫巷 27 号。卫巷 27 号在坊间经常被老百姓所提起，因为这里原为张春桥家。据许延廷先生所撰《张春桥在济南》一文（详见《济南文史》），张春桥的原籍是山东省巨野县，从他的曾祖父起，张家几代人便在清朝和民国的政府里当小官吏。他的父亲张开益从山东省立医学专科毕业后，初任山东省高唐县邮政局长，以后又历任国民党军队二十八师少校军医、山东省会公安局栖流科长、日伪济南警察局卫生科庶务主任、日伪山东省保安第三团军医主任，抗战胜利后任国民党济南市戒烟院院长。1931 年，张春桥 14 岁时，随父亲来到济南。次年，考入济南私立

2006年6月，卫巷58号门楼，拆迁前高翘的蝎子尾已经残缺。
雍坚摄

2004年3月，卫巷16号大门内的两块雕花门枕石。
雍坚摄

正谊中学，是该校第55级的学生。

卫巷的第二次拆迁是在2006年8月。这一次拆得最彻底，卫巷以东的民居悉数拆除。拆迁前，卫巷中仅剩下卫巷16号、58号、60号等几座高大门楼，虽然外观有些残破，但依然能体现出昔日大户人家的气势。卫巷16号和58号门楼下都有高大的雕花门枕石，所不同者，16号为阳刻花卉门枕石，而58号为阴刻竹枝门枕石。

准提庵：
济南第一家素菜馆诞生于此

2006 年拆迁前，卫巷中的观音禅院门楼和准提庵大殿尚存。观音禅院即卫巷 56 号，拆迁前早已是民居，正房建筑已看不出什么典型特色，只剩下临街的拱券门楼还有些味道。拱券上方有块石匾，依稀能看出"观音禅院"四个字。据文献记载，观音禅院又名观音堂，始建年代不详，明万历年间重修。由此推测，至少有 400 多年的历史。

卫巷中最有价值的老庙宇是位于巷北首、紧挨泉城路的准提庵，它也是留守在泉城路边的最后一座佛教建筑。这座老古董檐高 3 米许，殿顶的正脊和垂脊上所雕的数组二龙戏珠图栩栩如生，纹路精致。大殿面阔三间，每间又有四扇门，门上有形象逼真的高浮雕装饰。2004 年，准提庵出租给了一个馄饨馆，很多原始的东西都给"装修"没了，一个店员透露说，装修前，他清楚地看到，梁架上有"康熙某年重修"字样。据文献记载，准提庵始建于明永乐三年

2006 年 6 月，卫巷北首有数百年历史的准提庵被用作水饺店。雍坚摄

2006年6月，卫巷56号为始建于明代的观音禅院。雍坚摄

（1405），清康熙三十三年（1694）、光绪七年（1881）曾予以重修。

有意思的是，宗教建筑并不是准提庵的唯一身份，清代末年，它已经演变为一孟姓武举人的家庙，孟举人的女儿孟广楣、女婿张洪恩结婚后就住在家庙中。张洪恩是位佛教居士，1920年，他创办的济南第一家素菜馆——心佛斋素菜馆就开设于准提庵，后成为享誉济南的老字号。

据1985年《济南市房地产志资料》记载，准提庵"创于明朝，房十二间（大殿两座），由泉城路肉食店和水产门市部两家使用"。

济南城记（修订版）

余之音

好一个"物美价廉"

2006年8月，卫巷开始拆迁，代之而起的将是一个现代化的购物中心。让人隐隐有些担心的是，这里地处趵突泉、珍珠泉、黑虎泉围成的三角形区域之核心处，在此挖地槽建商场，会不会影响到地下泉脉？

当年9月23日，笔者来到化为成片瓦砾的卫巷。面前，从明代到当代的大小青砖、红砖混杂在一起。如果不是那些站成一排的电线杆，卫巷的街道走向都几乎看不出来了。当时，卫巷中唯一留守原址的建筑是巷北首

2006年9月，从卫巷捡到的大吉羊砖雕。雍坚摄

的准提庵。

在卫巷的北半截，我捡起一块青砖，砖心上的浮雕羊图案已被人为毁坏，只剩下旁边那三个清晰的字——"大吉羊"。同行的杨润勤兄接过去说："我要把它带回去，我姓杨，大吉

2006年8月5日，最后的卫巷，如此寥落。网友"风中羌笛"摄

2006年10月19日，准提庵的龙头梁被一根根拆下。郭学军摄

羊砖对我是个很吉利的瑞物。"

我继续寻找。在原观音禅院南面、卫巷58号那个大门楼废墟前，又发现了一块刻有纹饰的青砖，竖着看类似一个祭祀的佛龛，横着看又似乎是一个组合图案的一部分。"就是它了，这是我从卫巷带走的一块纪念物。"我自言自语地说。

此时此刻，忽然想起作家张承志在怀念故乡济南饮虎池的消失时所写一句话——"我没有颤抖，我知道，当人们都失去它的时候，它就属于我了！"

原以为准提庵会在卫巷拆迁中就此保住，可留守不足两个月，当年10月19日，这座老建筑正被拆除的消息再次传来。此时，距它始建之时已是601年。

犹豫了半天，我还是没忍心去现场送别这栋老建筑。从同事郭学军拍回的现场照片上看到，雕有龙头的粗大木梁正在被一根根拆下。而一根红柱上，被先前租用准提庵的饭店写着"物美价廉"四字。彼情彼景，这四个字被拆迁现场赋予了新的意味——"好一个物美价廉！"

省府前街，

几多变迁

◈ 街区地标：省府前街

◈ 街巷特质：民居会馆

◈ 拆迁时间：2007 年

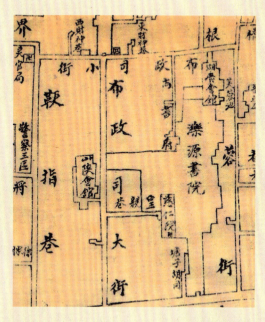

1924 年《济南街巷图》中的布政司大街（省府前街）一带

省府前街

鞭指巷

泉城路

2002 年 4 月，省府前街与鞭指巷之间旧民居鸟瞰。雍坚摄

再回首

本篇所述及的省府前街片区，大致包括西起鞭指巷，东至玉环泉街，南至泉城路，北至省府东街、西街范围内的民居。

历史久远的"官道"

省府前街，自古及今这里一直是条"官道"。

元代称宪衙街，那时省府大院一带是"山东东西道肃政廉访司"驻地，肃政廉访司简称"宪司"，其官署衙门简称"宪衙"；明洪武元年（1368），置山东行中书省，治济南府，洪武九年（1376），山东行省改置山东承宣布政使司，布政司前的南北巷大街因此称"布政司街"。清沿明制，布政司俗称"藩司"或"藩署"。不过藩司前的街道做了更细致区分，布政司街改称"布政司大街"，其北端东西向的街称"布政司小街"。由1914年《济南之南》可知，清末民初时期，布政司大街又称"大布政司街"，布

清末明信片上的布政司大街。

政司小街又称"小布政司街"。

辛亥革命后，清代的藩署成为民国的巡按使公署，不久改为省长公署。1928年张宗昌败走济南，国民党山东省政府在泰安成立，次年进驻珍珠泉大

2005年9月，省府前街路西巷口，巷内右侧当年为山陕会馆大门。雍坚摄

院原省督办公署，原省长公署则改为省民政厅驻地。1937年济南沦陷前，韩复榘以"焦土抗战"之名义放火烧毁珍珠泉大院。济南沦陷后，成为伪山东省公署、伪山东省政府驻地。1945年日本投降后，国民党山东省政府进驻这里办公。1948年9月济南解放，次年4月，共产党领导下的山东省人民政府由青州迁至此。布政司大街因此改为省府前街，布政司小街则进一步细化为省府西街和省府东街。

难舍的麻辣龙虾球滋味

新中国成立前，省府前街是济南城内的一条文化商业街，书籍、笔墨、古董、裱褙、印刷店铺鳞次栉比。2007年省府前街拓宽前，这里留给泉城人最后的记忆是，街两侧以麻辣龙虾球为招牌

2002 年 12 月，玉环泉街（旧时尚书府街）。申胜利摄

2007年8月，省府前街52号金钱东来石雕。申胜利摄

2005年9月，省府前街89号，清末举人吕志瀛故居。

其曾孙吕征和妻子居住于此。雍坚摄

菜的小店一家挨一家，且个个声名在外，一如纬九路的羊肉串和永庆街的狗肉。

省府前街的麻辣龙虾球，各家小店做得都挺地道，所不同者，每家在辣度、麻度和咸度上都有自己独特的滋味。小龙虾是进入21世纪以来，突然被济南人所青睐的一道佳肴，一般的饭店都是全尾全须地烹炒小龙虾，每盆40—80元不等，而省府前街的小店则一律是掐头去尾，只留下主身段，俗称"龙虾球"（当然，也可能最初并不是在这里发明的，但绝对是在这里发扬光大的）。与其他地方的一些大饭店相比，省府前街的麻辣龙虾球价格相对便宜，一般每盘35元。来这里解馋的市民，除了龙虾球以外，

2007 年 8 月，省府前街东巷。图片来自"霄仔同学"的博客

鞭指巷 70 号是该巷路东保留下来的唯一民居。雍坚摄

2005年9月，位于路西的省府前街27号。雍坚摄

往往还要点上诸如面筋五花肉、辣炒田鸡、酱油螺蛳之类的特色小菜搭配着吃。卖辣炒田鸡是违法的，很多小店都不写在菜谱上，在确定客人真正点这道菜时，才会从厨房里"变"出来。

　　最红火的是这里的夜生活。每逢夏夜，省政府大院下班的车辆过去后，这里就会变成草根的乐园。商家把电灯从屋里扯出来挂在法桐树下，灯火通明中，街边摆满小桌，周围则是黑压压坐在马扎上就着麻辣龙虾球喝扎啤的市民。

老 房 子

　　省府前街在1978年6月已经经历过一次展宽。因为这个原因，2007年省府前街拆迁前，路西已经找不到完整的民居大院，路边残存的几个门楼多是民居大院的二门。

省府前街路西6处院子

　　拆迁前，在省府前街路西信访办附近，有几座旧式砖楼，尚能看出当年豪宅的影子。它们是：

　　省府前街23号，民国早期二层楼房，三开间带外阳台，部分使用红砖，与楼前三开间厢房，构成三合院。据了解，这里是民国和平旅馆的后院，旅馆老板姓曹。

　　省府前街27号，为坐北朝南的三开间二层小楼，据原房主姜文宽讲，这个宅院建于1937年，原为复成车铺，为当

89

年老城内卖"洋车子"（自行车）的地方。

省府前街33号，山东省人民政府人民来访接待室，原为民国时期蕴真医院旧址。建筑主体为带阁楼的二层楼房，楼前有木结构门诊大厅，楼后面原为药房，由东西厢房和西屋构成的四合院。

省府前街73号，济南典型的四合院，保护相对完好。

省府前街105号，是一处民国时期楼房四合院，带有近代装饰色彩。据了解，这里曾是张英麟次子张元钫之妻的私产。张英麟为晚清翰林，其进士第当年与此建筑隔布政司大街相对。

省府前街91号，当初为前店后宅格局。从拱券门窗和素面墀头推测，建筑时间约为20世纪三四十年代。

2007年夏，省府前街拆迁中，一座青石到顶的小楼（省府前街105号）出现在视线中。网友"永泽君"摄

90

2005 年 9 月，山陕会馆影壁一角。雍坚摄

2006 年 8 月 13 日，网友"霄仔同学"在博客中写道："今天去了拆迁办，祖上的房子就要拆了……这里其实算不上多么美，但当你一个人静静地靠近时，却很容易嗅出它的不同：深邃的幽巷，宁静的庭院，使我每走一步都会不自觉地小心翼翼，生怕打扰了它的梦境……这片幽静的老宅马上就要被吞噬在嘈杂的都市中了，古老的岁月禁不起现代文明的轻轻一击。而现在我能做的，就是在它完全警醒之前，将画面定格……"

三通石碑见证山陕会馆
这里还是济南最早放电影的地方

1905 年 7 月 27 日的《大公报》刊载了一则消息《人皆称奇》："日前来一电光活动影戏（即电影），初十（公历 7 月 12 日）晚间，假山陕会馆（原址在今省府前街路西）演之。往观者人山人海，率皆喝彩。向后聚人愈多，恐其滋事，遂即歇止。东邦人士从未见此妙技，故志之。"在追溯济南电影缘起时，这则短消息常常被学者所引述。

消息中提到的山陕会馆，原来就位于省府前街 97 号。该建筑始建于清乾隆三十九年（1774），一百多年后再次扩建，占地 3 亩多，有房屋 83 间。"文革"期间，为建济南四十中的宿舍而拆除。这个会馆雕梁画栋，各种精美的石雕、砖雕、木雕一应俱全，当时拆得非常可惜。幸运的是，拆除山陕会馆时，立在馆内的 3 通石碑因太高太大，被留在了原地。1976 年，居委会盖房子时，又把它们砌进了一栋平房的东墙中。东墙外是一个死胡同过道，碑刻存在的事情自此便很少有人知道。平房里的住户吕慎伦先生

2005年9月14日，山陕会馆碑刻发现现场。

1.88米的笔者（雍坚）在高大的石碑前倍显矮小。左庆摄

2005年9月，皇亲巷。雍坚摄

是一位非常热爱济南历史文化的人，为了使这三通石碑免遭破坏，这么多年来他一直守口如瓶。于是，这批记载山陕会馆历史档案的珍贵碑刻便完好无损地保存了下来。

2005年9月，山建大学生对山陕会馆遗址上的柱础进行实测，发现直径近半米。左庆摄

直到2005年，当时省府前街即将动迁的消息已传遍满街筒子，平房主人吕慎伦才破例让媒体记者报道了石碑存在的消息。这三通宽1米许、高达3.5米的石碑的存在，令文物工作者兴奋不已。如今，在新省府前街一侧，人们尚能看到它们。

拆迁前，在石碑周边民居内，尚能找到山陕会馆的其他遗迹。如会馆大殿拆除后留下的大型青石基座、柱础，原会馆大门前的"山"字形照壁，等等。

省府前街东侧皇亲巷
韩美林曾住在巷中破庙里

省府前街旧时最有名的建筑并不

是街西的山陕会馆，而是街东的元代礼部尚书、著名文学家张养浩的纪念性祠堂——七聘堂，又名张文忠公祠。民间盛传这里曾是张养浩在济南城内的府邸，因此，祠堂东面有个小巷名尚书府街，1967年后与正对省府前街玉环泉的皇亲巷合称为玉环泉街。2007年省府前街一带拆迁前，皇亲巷的门牌早已并入了省府前街，而尚书府街仍被称为玉环泉街。

在皇亲巷东首，原有慈仁院，创建于清康熙年间。据《丹青十字架——韩美林传》记载，艺术大师韩美林小时候家住皇亲巷，在旧居被迫卖掉后，他和母亲曾在巷中一座破庙中住过。"破庙"，应该就是慈仁院。韩美林最早所上的小学——正宗小学，校址就位于上面所提到的山陕会馆。省府前街拆迁前，一位住在路西的老街坊说，正宗小学是他父亲创办的，韩美林上小学时，他父亲还教过韩美林。

济南民间摄影爱好者申胜利先生家里有一面老匾。据他讲，20世纪50年代中期，他的岳父、岳母曾在省府前街旁边的皇亲巷19号居住，那里原来是座破庙。后来破庙拆除，他岳母随手将工人拆下的一面老匾收起来做了床铺板，一用很多年。2001年，申胜利先生在帮岳母搬家时，意外发现这块床铺板上刻有"佑我后人"四个大字，纪年为"光绪辛卯年"（1891），立匾人为吕福瀛等人。于是申胜利将这块老匾加以珍藏。通过查证史料可知，他所藏的老匾，正是慈仁院旧物。由于很多老住户已经搬走，2005年9月，在省府前街向老街坊打听韩美林的旧事，已经没有几个人知道他是谁了。

拆迁前的省府前街，尚有不少保持着原始风貌的旧式民居。街西首路北第一家门牌为省府前街24号，这里是济南

申胜利先生收藏的"佑我后人"匾，现收藏于明府城。雍坚摄

94

2005 年 9 月，省府前街 24 号。雍坚摄

2005 年 9 月，省府前街 26 号往里拐，胡同的最里面还有两座旧式院落。雍坚摄

老字号酱园"远香斋"吴家故居，原为多进四合院。再往东的26号也是个老四合院。四合院东侧有个向北延伸又折向东的胡同，在胡同的尽头，还隐藏着一南一北两个青砖小院，建筑年代为清末民初风格。新中国成立后，这里成为省政府机关宿舍。

2005年3月，杜福庄老人在调琴。郭建政摄

鞭指巷8号
济南最后的胡琴作坊

省府前街一带的改造向西一气儿拆到鞭指巷。原位于鞭指巷8号的杜福庄胡琴铺被迫迁到路西一个临街房中继续营业。搬家前，杜福庄胡琴铺是一个只有一间门头的老字号小店。如果不是经人介绍，过路人往往不会意识到，它竟是个传承三代的老铺，像这样以家族成员为主的传统手工作坊在济南乐器行中恐怕已绝无仅有。

2005年，时年76周岁的杜福庄老人是胡琴铺的"掌门人"，由他带领着自己的两个儿子一个女婿在此做胡琴、修

2005年3月，鞭指巷8号杜福庄胡琴铺。郭建政摄

济南城记（修订版）

2004 年 8 月，鞭指巷状元府。雍坚摄

胡琴，他的老伴、二女儿和小儿媳则在一边做点缝皮子、捋马尾之类的杂活。

"这里总共只有 22 平方米，之所以选择在此开业，是因为早在我出生前，父亲就在这里自立门户了。"杜福庄说，他的父亲杜庆茂是河北武邑县人，20 多岁就在北京学做胡琴，出徒后来济南自立门户，当时挂的牌子是"马良正胡琴铺"，马良正是父亲的师兄。杜福庄是 21 岁开始跟父亲学艺的。1956 年公私合营高潮时，他家的胡琴铺并入济南市乐器厂，他和父母都成了乐器厂的胡琴技师。1982 年，杜福庄退休。两年后，时年 55 岁的他看到政策上已经允许个人单干，就决定拾起家传手艺，在"马

良正胡琴铺"原址上重新挂起了牌子。这一次，名字变成了"杜福庄胡琴铺"。

鞭指巷 9 号、11 号
大杂院依稀当年状元府

省府前街片区的拆迁，使鞭指巷成了半边老街，位于鞭指巷北段路西的 9 号、11 号院的高大门楼也显露在世人视野中。这里便是陈家大院。

清咸丰九年（1859），陈家大院的男主人陈恩寿梦见众百姓赠送一顶精致官帽，祝贺其后人成为国家栋梁之材。几天后，他的妻子果然为其生下一个男孩。于是，陈恩寿给孩子起名为"陈冕"，字"冠生"。此后，陈冕的命运果然像父亲

梦到的一样渐次展开。天生聪颖的他，14岁便考中秀才，16岁中举，24岁在殿试中夺魁，成为我国历史上最年轻的状元之一。

从光绪九年（1883）陈冕高中状元那年开始，朝廷御赐的状元府金匾就挂在9号院大门内，至新中国成立后，该匾还存在。因此，鞭指巷陈家大院又称

清代状元陈冕的曾孙陈建邦与姑姑在鞭指巷11号门前合影。陈建邦供图

为状元府。2007 年，济南市政府公布第三批市级文物保护单位，状元府位列其中。2013 年，该建筑又升格为省级文物保护单位。

陈家大院最初由陈冕的祖父陈显彝建造，从现存 9 号、11 号两院的建筑风格推测，9 号院建造时间在前，11 号院建造在后。9 号院门前有雕花抱鼓石，门洞上方镶有精致的浮雕走马板。推开厚实的黑漆大门，正对的是一面古朴的座山影壁，由影壁前的屏门左拐，眼前是一个十分大气的四合院。绕过西屋南侧的狭窄过道，可转入一个同样规格的四合院，小瓦花脊的原始风貌虽然做了改动，但主体建筑格局依然如初。"陈冕的孙女前几年曾回来看过这个宅子，当时她已经 82 岁了。"2004 年 7 月，老住户曹大妈说。

11 号院现存也是两个完整的四合院，只是建筑规格小了一号，如作为正屋的西屋由五开间变成了三开间，从建筑风格看似乎晚于 9 号院，窗棂、立柱也被涂成了红色。"这是 20 世纪 80 年代电影《红牡丹》在此取景时涂的漆。"该院住户李先生说。

昔日状元府究竟有多大？据陈冕的曾孙陈建邦、陈建绳介绍，鞭指巷 9 号、11 号两个大院各有八个东西相连的四合院加上四个旁院，状元府是由二十个古朴典雅的四合院组成，东起鞭指巷，西至西熨斗隔巷。陈冕当年的书房设在"状元府"北院西八院的北屋，屋前曾挂

有"小墨墨斋"牌匾。如今在西熨斗隔巷 16 号，还能见到这座小楼。

另据传说，清同治年间，济南府城隍庙迁至将军庙街，利用陈府后花园和一座大车店的地皮建成。后来朝廷御赐陈冕的旗杆因鞭指巷放不开，就移到府城隍庙前。由此推断，当年状元府的南界可能在将军庙街。其总体规模恐怕不亚于军阀张怀芝在趵突泉西侧修建的张家花园（即万竹园）。

据陈建邦介绍，陈冕的祖父陈显彝曾任山东盐运使，山东候补道，登、莱、青州兵备道；其父陈恩寿，历任山东莱阳、恩县、长清县县令。陈家一贯乐善好施。就在陈冕中状元的那一年，黄河决口，山东历城、邹平、利津等县 40 余万灾民无家可归。陈冕和其父陈恩寿一次捐出巨款数万银两救灾，并亲自到抗洪前线参加救灾工作。陈恩寿因操劳过度于同年十月去世。光绪十九年（1893），山西发生大旱，陈冕将家中余财凑成黄金千两全部捐献，并在济南街头当场写字募捐，共募得万余两黄金送往山西。就在这一年的八月十七，34 岁的陈冕因赈灾劳累过度而突发肺心病病逝。

"状元府虽然阔绰，我们这辈人都没有住过。"陈建绳说，继曾祖之后，位于鞭指巷 9 号、11 号的状元府的剩余房产在祖父搞京剧票友会的时候又被变卖掉了，只剩下状元府西侧——西熨斗隔的几个小跨院，他小的时候就住在西熨斗隔 22 号。

余之音

未能保全的市保遗址

省府前街拆迁前，济南市文物局曾致函济南市城区建设指挥部门，建议原地保留省府前街的多处院落，并将散布的几处特色院落采用迁移方式集中保护，使保留下来的建筑与树荫、绿地交相辉映。可惜，此建议没有被采纳。2007年，这个片区又采取了全盘推倒的方式予以改造。

2005年9月，我的朋友姜波（山东建筑大学学者）带学生在省府前街测绘时，笔者曾多次陪同前往。9月14日，省府前街89号居民吕征大哥向我们提供了一个重要线索，他的一位堂兄吕慎伦家的平房中藏着三通山陕会馆的大碑。在吕大哥带领下，我第一次见到了消失近30年的山陕会馆古碑。次日，笔者所写《隐姓埋名近三十载清代山陕会馆惊现"档案"》一文独家刊出。这篇独家报道引起文物部门的高度重视，直接促成了山陕会馆遗址2007年被列入济南市第三批重点文物保护单位。这是笔者的记者生涯中，比较得意的一件事。

而2007年夏天，省府前街的拆迁却当头给我浇了一瓢凉水：刚被定为市保单位的山陕会馆遗址竟没有保全！拆迁中，不仅会馆大殿柱础没有被原址保护，连山陕会馆照壁竟然也被拆掉了！笔者闻讯赶去现场，发现那里已经是一堆瓦砾，只剩下被拆出来的三块大碑立在原处，在即将被运走的瓦砾堆中，笔者看见，一个硕大的青石柱础被当作建筑渣土扔在那里。

难道，照壁和柱础不属于山陕会馆遗址的保护内容？这种公然藐视《文物保护法》的行为后来是否得到了应有的法律制裁？不得而知。

如今，山陕会馆石碑已经成为省府前街一景。雍坚摄

宽厚所街

堪称民居博物馆

◈ 街区地标：宽厚所街

◈ 街区特质：民居泉井

◈ 拆迁时间：2008 年

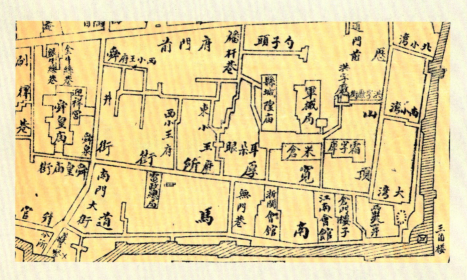

1924 年《济南街巷图》中的宽厚所街一带

2005 年 12 月，宽厚所街片区俯瞰。王琴摄

再 回 首

2008 年实施拆迁改造的解放阁—舜井街片区，当年处于南门大街两侧，过去此片区内街巷多达 20 余条。新中国成立后，历经城市改造和街名整合，拆迁前在门牌上能看到的仅剩下宽厚所街、舜井街、刷律巷、小王府街、洪字廒街、武库街、蕃安巷等 7 条老街。此外，还有三曲巷、仓门楼子街、耳朵眼、无门巷等近 10 条老街巷"隐居"于此。街名虽然不用了，但原来的街巷依旧，沉淀在老街旧巷中的故事更是耐人回味。

两口舜井水下相通

济南的舜文化源远流长，位于舜井街的舜井是舜文化的重要遗迹。成书近 1500 年的《水经注》在记载"历水陂"（即今之大明湖）的水源时写道："水上承东城历祠下泉，泉源竞发。"有专家考证，该书所记载的"历水之源"，正是今天舜井的位置。

关于舜井的故事在民间流传很广。相传继母逼大舜去淘井，他的异母兄弟象落井下石，要加害于他。而舜却从井下挖了个出口爬了出来。故事的真伪已无从考证，但至少从唐代起，舜井（又称舜泉，济南七十二名泉之一）就已经有两口，水下相通，因此唐魏炎有诗曰"一边井中投一瓶，两井相摇响泙濡"。到了明代，人们称这对连环井为"源源泉"。

据考证，在今天舜井的西面，过去有座舜皇庙，另一口舜井就位于舜皇庙里，后来湮没。在舜井西面，以前还有香泉、杜康泉等济南七十二名泉中的名泉。1976年，济南市第六十五中学盖教学楼时，香泉碑刻被填埋；几年后，泉池湮没。1994年，盖齐鲁大厦（新大新）时，杜康泉被填埋。

在舜井井沿，今天尚有铁锁链垂到井中。而这，关系着一个"舜井锁蛟"的故事。据说古时济南发大水，大禹把发水的蛟用铁锁链锁到舜井中，从此再无水害。需要说明的是，舜井街在清代

为南门里大街的北段，直到清光绪己丑年（1889）《省城街巷全图》上才首次标注了"舜井街"。1980年，南门里大街和舜庙街并入舜井街。

"历山"藏在老街下面

从青龙桥西行几十米，泉城路南有一条200多米长的小街，这就是历山顶街，它联系着老济南的一个著名典故——"三山不见"。"三山不见"是说济南城里有三座一般看不着的小山，它们是历山、铁牛山（原位于庠门里街）和灰山（原位于二郎庙街）。其中历山指的不是千佛山，而是位于历山顶街的一个小山头，山体埋在地下，历山顶街由此得名。或许是契合了某种风水学吉象，关于"三山不见出高官"的说法在济南流传甚广。

唐《封氏闻见记》一书记载："齐州城东有孤石，平地耸出，俗谓之历山。"有学者据此认为，"孤石"即历山顶街"小历山"原貌，后来由于人为破坏和周围地面加高而逐渐埋没。济南古称"历下""历城"均源自"小历山"。

"在当时院内崔姓居住的东屋里，冲门大方桌底下，有一口井，搬开桌子才看得见。井里水很浅，就在井下面露出一座不到一米的小山头。"——这是文史专家严薇青在《济南掌故》中对"小历山"的记载。

2003年，历山顶街老街坊陈文祥说，新中国成立前他曾租住在崔家。"崔家

2008年4月，拆迁前的历山顶街（自南向北）。王晓明摄

前院南屋门口有个天然石洞，石洞从地下穿过前院北屋，一直通到后院的井中。井壁开有小门，推开小门，当时已看不到露出井底的历山"。有意思的是，陈文祥老人描述中的那口古井，和传说中大舜所淘之井倒真有些相似，倘有人落井下石，通过井壁上的小门可进入石洞逃生。这是历史的巧合吗？

可惜，1976 年，济南市冶金局建宿舍楼，藏着"历山"的古井被填埋。

宽厚所街最早铺沥青

宽厚所街东接历山顶街，西通舜井街，全长近 400 米。明崇祯《历城县志》上称此街为"南三府街"，名称源自三个小郡王府曾先后建于此街。清初，曾短暂设宽候所于此（刑罚执行机构，康熙《济南府舆图》有标注），拒不仕清的诗人阎尔梅就曾羁押于此并借机逃脱，此后流浪江湖十八载。清乾隆《历城县志》称此街称为"宽后所街"，其名称即源自宽候所。迨至晚清，街名又发生衍变，光绪己丑年（1889）《省城街巷全图》上标为"宽厚所街"。此名称一直延续到拆迁前。

宽厚所街大致相当于整个解放阁片区的东西轴线。自晚清至民国时期，宽厚所街成为官宦人家聚居的地方。2003 年，家住宽厚所街 66 号的尹思伟老人曾介绍说，20 世纪 30 年代，他的舅舅张鸿文在韩复榘主政山东时期任工务局局长，当时就住在宽厚所街。为方便进汽车，张鸿文将宽厚所街的青石路铺成了

2008 年 5 月，拆迁前的宽厚所街（自东向西）。雍坚摄

沥青路,这在当时的济南内城中是第一条沥青路。

小王府街有个"耳朵眼"

小王府街位于宽厚所街北侧,由原来的东小王府街和西小王府街合并而成。明朝建国后,除太子作为储君外,皇帝诸子则封到各地当亲王。亲王的长子世袭亲王,其他诸子则封郡王,并在其封地建郡王府。受封德庄王的明英宗次子朱见潾在移藩于济南后,共传袭了七代。其中,德庄王第四代孙宁海王和安陵王先后在小王府街一带建造郡王府,时称西小王府和东小王府,安陵王死后,因无嗣,封号被除。后来,德庄王第七代孙宁阳王又于其王府旧址建造了宁阳王府。

明朝灭亡后,散布于城中的各郡王府逐渐废为民居,东、西小王府一带于是变为东、西小王府街。其迷宫般的街巷格局,在很大程度上反映了王府没落后的无序修建状态。

由东小王府街南首北行三五十米,两米多宽的狭长胡同与一条东西走向的小巷相交,小巷二十来米长,只有两户人家,分住东西巷头。别看巷子短,名头却不小。在光绪己丑年(1889)绘制的《省城街巷全图》上,已绘出了它的形状,在1926年《续修历城县志》所附《济南街巷》图上,还标注了它的"象形"名字——"耳朵眼"。在济南现有的老街巷中,耳朵眼巷可谓是最短的小巷。

2003年,堪称济南最短街巷的耳朵眼巷。雍坚摄

2003 年，小王府街遍布明代建筑构件。雍坚摄

2008 年 4 月，拆迁前的公兴里。张机摄

老城区罕见的里弄
——公兴里

提起里弄，人们便会想到上海的石库门。殊不知，开埠于 1904 年的济南，同样有很多里弄。济南的里弄大多数建于城外的商埠，老城区中的里弄则寥寥无几。宽厚所街片区中的公兴里算是其中一处。

在宽厚所街东段，路北有一条南北向的支巷——仓门楼子街，1980 年街牌并入宽厚所街。在仓门楼子街北段路东，"藏"着一条长四五十米的小巷，它就是公兴里。

公兴里为东西走向，石板路两侧有 5 个传统院落，门牌号分别是宽厚所街 27 号、29 号、31 号、33 号和 35 号，最里面的 29 号与 31 号门楼相对，中间的 27 号与 33 号门楼相对，靠近里弄口的 35 号所对应的是一个门房（早已拆除，仅存残迹）。

公兴里最大的特色是 5 个院落建筑风格一致，但细微之处又各自有别，给人的感觉是统一而不呆板。如所有的门楼上方都是"山"字造型，而门洞有的是拱券顶，有的则是直线顶。再如，35 号院进门后有东西两个小院，而旁边的 33 号院、31 号院则是独门独院。

2008 年 5 月，公兴里的住户多数已经搬迁，只剩下 33 号院的康先生还留守在这里，他 40 多岁，就出生在这个院子里。"我爷爷名叫康子安，老家是河北省武邑县，当初他挑着担子一路要饭来了济南，后来跟着一个医生学徒，出徒后先在估衣市街开办了康子安医院，后在商埠还设有分所。"康先生说，33 号的院子便是家人在解放前从"房牙子"手中买下来的，"房牙子"也就是过去的房地产开发商，具体叫什么名字他也不清楚，反正整个公兴里都是他建的，原来里弄口还有个带大铁门的公用门楼。另据附近的老街坊讲，解放前公兴里住过一位伪县长，最早是不是他建的公兴里？尚待考证。

老 房 子

拆迁前的宽厚所街一带，有不少大院是四进、五进院落，或者是二进、三进院加跨院、旁院的组合院落。在民居建筑规格上，这里明显比芙蓉街要高出一个档次。并且，这片紧邻黑虎泉的片区内，有不少院落还存有原始的泉井。

宽厚所街 1 号
官式民居袁家大院

宽厚所街 1 号原位于宽厚所街东首路北，高大的门楼保持着清末济南民居的特色，4 块雕花拴马石嵌在门楼外一侧石墙上，这里便是当年袁姓中医世家的宅院。

推开黑漆大门，只见正对的北屋依然大体保持着百年前的原始容貌，瓦是青色小瓦，窗是"卐"字木棂窗，屋脊

2008 年 5 月，袁家大院外墙上的拴马石，为老街平添几分古朴和韵味。雍坚摄

2003 年 3 月，魏家大院中的民国民居。王晓明摄

是蝎子尾式的透风脊，褪色的门旁立柱仍透露出当年朱红印记。该院主人袁鹂女士说，袁家最初是官医，在这个院落中已住了六代人。旁边的宽厚所街 3 号当年也是袁家的，解放前卖给了刘家。

从袁家门楼东侧墙上的门楼改建印迹看，当年的袁家大院是一座并排有三个大门的豪宅，东西长度近 50 米。据建筑专家介绍，袁家大院的主门楼与正屋在一个中轴线上，这种门楼坐落样式带有官式民宅的显著特征，在济南传统民居中十分少见。

2008 年 5 月，伸出山墙的沈家大院座山照壁。

雍坚摄

宽厚所街 14、16、18 号
钱商人家魏家大院

魏家大院当年的大门位于宽厚所街 18 号，拆迁前门楼仅剩下残迹。进门后左侧为魏家大院的主体建筑，门牌号为 14 号和 16 号。

宽厚所街 16 号的旧式二门门楼位于院落的西北角，门楣下的镂雕精致细腻。该院没有北屋，东、西屋为对称分布的三开间平房。2003 年，业已换成大瓦的南屋西侧，"隐藏"着一座二层小楼。院主人魏津生先生介绍说，这片宅子是他的曾祖父魏印禄在 20 世纪 20 年代买下的，南屋原来就有，东、西屋均为 30 年代魏家自建。

从南屋穿堂而过，沿墙根东行，前面又是一道老式门，门内还隐藏着一个封闭式跨院，该院没有西屋，南、北屋均保存完好，东屋檐角坍塌，但却是老

民居中规格较高的前出厦结构，厦下有廊。魏津生说，加上已充公的 14 号院，魏家大院当年包括 3 处小院。魏家在解放前曾在济南开过两个银号，一个叫"通益"，一个叫"元亨"。

据了解，济南著名书法家魏启后先生亦是钱商魏家的嫡系后人。

宽厚所街 47 号
昔日豪门沈家公馆

拆迁前，宽厚所街 47 号是一个规整的三进院落，除后院在 20 世纪 70 年代被一单位楼房取代以外，前院、中院均保持着原始建筑布局，虽然历经百年风雨，院内多数建筑上仍顶着老式小瓦，加之院内基本没有后来添加的建筑，整个院落带给人的是古色古香的氛围。

由于 47 号当年是"东方商人"孟

2005 年冬，沈家大院正门。雍坚摄

2003年春，古色古香的沈家大院。雍坚摄

雒川的女婿沈炯斋的宅第，老街坊们又称之为沈家公馆。沈家的旧式门楼位于前院东南角，门内为座山照壁。前院东西厢房对称分布，正屋为宽大的穿堂屋，进深约10米。由此进入中院，这又是一个与前院规模、布局相同的四合院，唯一的区别是，中院通往后院的通道设在正屋东侧。

据了解，沈家后人在新中国成立前去了台湾，沈家公馆在新中国成立初期曾改为邮电局干校，后来辟为民居，大院中最多曾住过13户人家。

宽厚所街
41号、43号、45号
书香世家"槐树底下张家"

提起宽厚所街的大户人家，老街坊们都不会落下"张家大院"。张家当年是有名的书香世家，因门旁有一棵古槐，故名"槐树底下张家"。

张家大院的大门门楼早已拆除，拆迁前的宽厚所街43号的老式门楼是当年张家的二门。此院为张家的前院，东、西屋均为当年的老房子，北屋为后来修

2008 年 4 月，宽厚所街 43 号，张家大院的二门。雍坚摄

建。北屋后面仅剩一间老式东屋。2003年，83 岁的徐淑兰（张家后人张纪平的妻子）回忆说，张家原是个三进深的大院，其中后院的正屋规格很大，前后出厦，在宽厚所街数得着。宽厚所街 39-1号山东科技报社宿舍楼便坐落于后院位置。此外，张家大院以前还有西院和东院，西院即宽厚所街 45 号，东院即宽厚所街 41 号。

"张家原有两棵槐树，西院的那棵一半枝子便遮住了整个院落；东边的那棵年岁更久，是棵唐槐，当年一半露在宽厚所街上，一半修进东院墙中，虽然看上去干枯，但春天发芽很旺。最初树

上挂着匾，经常有迷信的人前来烧香磕头，说是古树有灵。大约在'文革'以后，这棵树才没有了。"徐淑兰说。

据她讲，她的公公是教私塾的。丈夫张纪平共兄弟四人，除三哥做会计外，张纪平和大哥、二哥分别在济南五中、一中、六中教书，二哥张志霄（音）曾创办洣源中学，后并入六中。

宽厚所街 55 号
绝版四合楼金家大院

宽厚所街 55 号原为清末历城知县金猷大的宅院，其完整的四合楼建筑在济南古城区绝无仅有。由于这一特殊价值，

2005 年冬，宽厚所街 55 号金家大院。雍坚摄

它有幸成为宽厚所街唯一原地保留的民居。现存四合楼是金宅原始建筑的一部分。其北中堂楼上下 10 间，东西厢楼和南穿堂楼各上下 6 间，全楼均为玻璃门窗，石制或砖砌拱券门窗套体现出西洋建筑特色。北中堂楼与东西厢楼相接处各设有木楼梯，由此上楼，踩着吱吱嘎嘎作响的木地板沿二楼回廊散步，在朱红立柱、青色小瓦与宁静的天井构成的氛围中，令人不禁有时光倒流之感。

在大气之余，金宅更不失精致。如北中堂楼和南穿堂楼门旁立有石制八棱倚柱，柱头和半圆券上的浮雕狮子、阴雕植物栩栩如生，雕工细腻；再如，二层回廊栏板上木雕翠竹，33 幅图案姿态各异，无一雷同。

金猷大为浙江秀水人，让历史记住他的是，1899 年曾发生著名的"肥城教案"，传教士卜克斯被肥城义和团团民所杀，时任肥城知县的金猷大被革职，且

2008年5月，幽巷豪宅李家大院。雍坚摄

济南城记（修订版）

永不叙用。不知什么原因，金猷大后来又东山再起。光绪三十四年（1908）至宣统二年（1910）任历城知县。

在历城知县这个位置上，金猷大并没有什么大的作为。让人们记住他的是，在1910年前后，他在宽厚所街修建了金家大院。不过，民间传说金家大院盖完后，发现二层楼的屋脊高出了正北不远处的历城县城隍庙，怕城隍爷怪罪自己，金猷大一天也没有在此住过。事实上，在山东巡抚孙宝琦举荐下，宣统二年（1910），金猷大升任为临清知州。他没在金家大院住，恐怕和仕途升迁有关。

宽厚所街56号、58号及58号旁门
幽巷深宅李家大院

宽厚所街拆迁前，李家大院是街上最大的宅院。该院包括宽厚所街56号、58号和58号旁门，是一个由前后两栋二层楼房、中间高大穿堂屋、左右数间厢房组成的完整院落。

58号为李家院中的穿堂屋，东西山墙上分别有葵花和卍字形的组合气窗，这在济南民居中几成孤例。穿堂屋北面设有一道拱形门，门内正对的二层小楼外墙被刷成了暗红色，二层设有颇具近

116

2005 年，开在墙上的花——李家大院气窗。雍坚摄

2003 年 3 月，宽厚所街王家大院中的西楼。王晓明摄

代欧式建筑特色的外走廊，左右两侧对称分布着旧式厢房。穿堂屋南侧同样设有一道拱形门，门内正对的是青砖小瓦南楼，上下各 4 间，左右为东西厢房。

李家大院体现出极高的防护性及分合自如的传统民居格局，在建筑风格上呈现出的特色则是中西合璧。2003 年，82 岁的李虹老人住在南楼二层，他介绍说："李家大院是我的父亲李世昌于1934 年买下的，当时房子刚建好不久。这房子非常坚固，光墙壁就有半米多厚。父亲当年是做军医的，韩复榘时期做过警察局司法科科员。"片区拆迁前，56 号、

58 号对面的两个院子 52、54 号，在风格上也和李家大院很一致，极有可能最初是同一家人建造。

宽厚所街 60 号、62 号
茶商故居王家大院

立柱的多少是象征门楼规格的标志之一。在宽厚所街区，一般小门楼没有外在的立柱，大户人家多为二柱或四柱大门，唯一拥有六柱大门便是位于 60 号和 62 号的王家大院了。

王家大院位于李家大院西邻，进大门直着往前走，要过二门、三门、四门

2008 年春，一个小孩在王家大院内跑来跑去，院内那数不清的门能否成为他童年的记忆？孟哲摄

2003 年 3 月，纪家大院正屋中的木隔扇完好无损。王晓明摄

才能到达内院，可惜的是，四门仅存残迹，门内原始建筑已经被简易房所替代，看不出最初的模样。不过，进大门后右拐，穿过两道门后，尚存一个完整的侧院，院内正房是一栋坐西朝东的小楼，三开间带外廊，青砖红柱中透露出古香古色的古典情调。

据了解，王家大院的原主人是西门外植灵茶庄的经理王渐三。植灵茶庄由军阀阎锡山手下的 5 个团长集资创办于 1929 年，店址位于西门外估衣市街，次年聘章丘人王渐三为副经理。王渐三对茶庄进行一系列改革，创造了成品包装茶"灵雀大方"和"植灵百叶香"，销路逐渐打开，最终使植灵茶庄在济南与资本雄厚的泉祥茶庄平分秋色。

小王府街 33 号
完整考究的纪家大院

拆迁前，在小王府街众多的老式院落中，纪家大院可谓是规格最高、保存最好的清末四合院。

纪家大院原位于小王府街 33 号，坐北朝南，门楼高达 6 米。进门后正对的是照壁，左拐穿过西侧二门，里面是一个完整的四合院，尽管屋顶上的小瓦换成了大瓦，但从建筑形式上看，东、西、南、北屋主体建筑时间均为清末民初。正屋 5 间，规格颇大，前出厦，厦下有回廊，正屋与东屋之间的狭窄过道处有一小门，通往东院。

2003 年，68 岁的王永水老人已在正

2008 年 5 月，纪家大院通往跨院的过门。雍坚摄

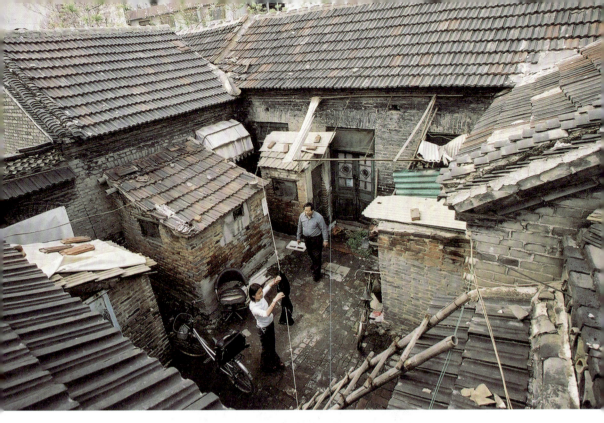

2003 年春，小王府街 41 号李家小院。王晓明摄

屋西间住了二三十年。他的室内没有砖石隔墙，西间铺设的木地板已磨得发亮，用作隔扇的老式卐字木棂保存完好。其中，东隔扇能自如拆卸，估计当年这三间屋为客厅，东隔扇则是客人多时的移动屏风。王永水说："虽然有人曾想出钱收购，但这些旧隔扇我一点没动。只是这房子太高了，从屋脊到地面足有 7 米多，顶棚是我住进后吊起来的。"

另据他讲，纪家当年可能是祖籍章丘的盐商，纪家大院屋里屋外的建筑、摆设当年都非常讲究。这个宅院在"文革"时期被交公，原来的院落是三进院，进大门后，东侧还有通向花园的二门。

小王府街 41 号
三明两暗的李家小院

拆迁前，由小王府街 33 号纪家大院西行不远，即是小王府街 41 号原李家民居。与深宅大院的纪家相比，李家只能算是小家碧玉。因其保存完整和时代特征典型，这座小院堪称民国时期济南普通民居的"标本"。

李家门楼坐北朝南，门楼内东侧有门房，迈进大门后正对的是一个小型照壁，照壁西侧为拱形二门，二门以内是一个完整的民国四合院，清末民初的小瓦被灰色机制大瓦所取代，青砖磨缝中体现出建筑者的精细。墙高4米多，防护性很强。

这个小四合院最突出的特点有两个，一是正屋看似三间，实则五间，另外两间分别被东西厢房所遮蔽，且内部与东西厢房有门相通，这种"三明两暗"的建筑格局体现出鲜明的时代特征。据说原房主有两个媳妇，分别住在隐而不见的东、西正屋中；二是从互相交错的檐角明显看出，北屋、东屋、西屋、南屋高度依次递减。门楼则与北屋等高，符合当时"门当户对"的讲究。

2003年，小王府街41号住着7户人家。时年50岁的李英良先生在此住了30年。他介绍说，这个院落大约是抗战时期修建的，原户主李耀东（音）大概为经营布匹生意的章丘人。

小王府街 42 号
马家小楼有眼"楼下泉"

拆迁前，88岁的杨荣臣老人和老伴丁乃兰住在小王府街42号。这是一处颇有特色的传统院落，该院没有北屋，南为平房，东西则是由两栋对称分布的青砖小楼，面积不大的天井被高过楼顶的香椿树遮得分外阴凉，虬枝盘旋的石榴树正含苞待放。这个小院的精巧别致之处隐而不露。走进西楼一层，只见宽不足半米的木质楼梯隐在室内西北角。由此上楼，二层铺着木地板，未设隔断，

2008年5月，88岁的杨荣臣坐在小王府街42号自家小院。雍坚摄

显得较为宽敞，引人注意的是，二层南墙竟开有小门，推门而出，只见外面不仅有个养花的阳台，还有一条隐蔽通道通向东楼二层的南门。过道位于南屋的北檐之上，从天井中全然看不出它的存在。如此别出心裁的布局，反映出当年主人浓郁的生活情调，貌似小家子气的马家小楼暗含的却是大家风范。

"我是济南解放那年（1948年）用30包面粉买下的这个院子，房主人叫马

2003年3月，宽厚所街35号的屋中泉。王晓明摄

继武（音），是个资本家，在济南有多处房产，这里原来曾是他家开的布局子（布店），之所以没有北屋，是因为北面通向他家的染坊——如今的小王府街40号院。"杨大爷指着东楼根的压水井说，这下面是个泉井，楼基半压着井沿，为了取水方便，他在上面安了个压水井。

"这眼泉井当年曾给染坊供水用，它特别深，和楼的高度差不多。济南天旱的时候，皇亭（今泉城路皇亭体育馆一带）那边没水吃了，都来这里挑水吃。"说起这眼泉井，杨大爷难掩心中的自豪。他说，肯定是先有的井，才盖的楼。这栋楼有百十年历史了，这口井的时间应该更长。

"别看这个院子不大，可住起来舒服。现在你就是花100万，在别处也找不到像这样有泉井有小楼的院子。我们老两口都这么大岁数了，真不愿意搬家呀！舍不得这两栋小楼，更舍不得这口泉井，就这么拆了太可惜了！"2008年5月，杨大爷依依不舍地说。

宽厚所街35号
"屋中泉"曾被用来当冰箱

深藏于解放阁—舜井街片区的泉水院落不仅体现出"家家泉水"的历史风貌，还向世人讲述着泉城人朴素的爱泉故事。

2008年5月，宽厚所街35号。西边小院已开始拆迁，拆下的檩、椽散乱地堆满了整个院子。东边小院的住户也

已经搬走，家具器皿都已清理一空，室内只剩下一块缺角的石板。挪开石板，一孔袖珍泉井便显露出来。

35号的泉井井口直径有三四十厘米，仅容得下一只小桶上下。俯在石井沿口，能看到井壁由青砖砌成。投一颗小石子下去，随即便传来扑通一声，看来泉水并未干涸，水面距井口很近。泉井主人柴先生是在这个院里居住过的第三代人，十几天前刚刚搬走。

"这个井什么时候挖的我就不知道了，可能有七八十年了吧。"柴先生说，柴家是解放后搬到这个院子的。

"在通自来水之前，家里吃的都是井水。通了自来水后，井水就不吃了，我们拿它当冰箱用。在里边冰过的西瓜，凉丝丝的但一点都不炸牙！"柴先生说。

小王府街 37 号
一眼泉井滋润好几个院子

同宽厚所街35号一样，小王府街37号院的泉井在拆迁中也成了"没娘的孩子"。2008年5月，这个小院的北屋已经开始拆迁，窗户都卸了下来，门前那口泉井的青石井沿已被人掘走，从残存的井口往下看，只见井中水面上漂着一层杂物。住在东院的王大娘走了过来："别看了，一个月前就让人把井沿掘走了，现在水脏了，也没人吃了。"王大娘说，不仅这个院子里的人，左邻右舍也都是喝这口井里的水长大的。一个月前，这个院子的主人搬走后，她才开始喝自

2003年3月，小王府街37号的张大妈在院中泉井打水。雍坚摄

来水，可怎么也吃不惯，水壶里老长锈。

37号院的泉井水，只需把小桶放下一米多深，便可打上清冽的泉水。2003年，院主人张大妈说："这眼泉井已有上百年的历史。这泉水，浇花花艳，泡茶茶香，至今是全院人的饮用水。"

125

西墙中"藏"着百年泉井

在清末《省城街巷全图》上，距济南南门不远，有个因形状而命名的街巷——"勺子头"。民国时期，这条街巷则雅称为"北斗巷"，1980年，北斗巷又并入蕃安巷。拆迁前尚存的蕃安巷12号正位于当年勺子头巷的头部。这个小院虽然规格不高，但隐藏在西墙中的百年泉井却小有名气。

2003年，75岁的老住户刘佩森住在这个院子里。他介绍说，他家在北斗巷已住了90多年。西墙中的泉井，早在自己家搬来前就已存在，多年前重修院墙时舍不得填死，特意少砌了一条墙砖，把它留了下来。刘家的"墙中泉"是北

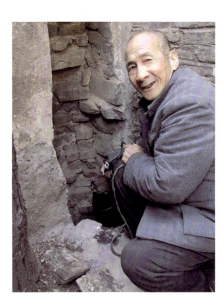

2003年3月，蕃安巷12号的刘佩森老人家中有眼墙中泉。王晓明摄

斗巷唯一的泉井，水质清冽，几十年间从未干过，丰水时井水距地面只有1米，弯腰即可汲水。

除以上几处泉水院落外，宽厚所街54号、刷律巷35号院内在拆迁前各保留有一处泉井。家住刷律巷39号的84岁老人高桂英曾经当过居委会主任。2008年，她介绍说："以前光刷律巷就有12口泉井，杜康泉就在这条街上，掀开街上的石板，泉水就往外冒。建旁边这个大楼的时候，杜康泉被填死了，其余泉井也因泉脉被截而最终废弃了。"

南国风格突出的浙闽会馆

清同治十二年（1873），由在济南为官经商的浙江、福建籍人士出资，在宽后所街辟地修建浙闽会馆，作为浙江、福建旅鲁同乡会所在地。在鲁为官的福建籍书法大家龚易图曾应邀为会馆题写楹联一副："同是南人，四座高风倾北海；来游东国，两乡旧雨话西湖。"

时隔140多年，如今的浙闽会馆的"大门"已改到面向护城河的黑虎泉西路23号，开在宽厚所街的原始正门于20世纪50年代在一场意外火灾中化为灰烬。走进浙闽会馆，迎面便是一个三柱间大厅，周围皆为木隔扇。北面的木隔扇是活动的，打开后可与南方井庭式木结构的一楼大厅连为一体。戏楼为卷棚式，五架梁，上有木质透雕彩绘，二层上有东西回廊，两侧有楼梯和东西厢房。

济南城记（修订版）

戏台宽 6 米，深约 4 米，共有圆柱 50 根，柱上有精细的五彩雀替透雕。

据悉，解放后，浙闽会馆"身份"屡变，先是作为省第四招待所，后改为济南市殡仪馆，20 世纪 60 年代又用作旧书库，20 世纪 70 年代为工厂所用。虽然早在 1979 年便被公布为济南市文物保护单位，但没有正式对外开放，这座颇具浙闽风格的晚清建筑还挂着济南市汽车工业公司贸易中心的牌子。

2003 年，家住黑虎泉西路 21 号的秦老太太（时年 77 岁）回忆道："位于会馆东侧的黑虎泉西路 17、19、21 号三处二进院解放前分属刘家三兄弟的，三兄弟的老一辈是浙闽会馆的看门人，这三处院与浙闽会馆是一体的。"

在浙闽会馆东侧，还有一个著名会馆——江南会馆，正门过去也开在宽厚所街，20 世纪 80 年代封堵。2003 年，宽厚所街上尚能看到正门对面的过街照壁。

"当年，江南会馆大门上挂着金字黑匾，门左右是一对磨得发亮的石狮子。进门后一侧有回廊直通戏台，戏台有 1 米多高，与之相连的是雕梁画栋的正殿，戏台两侧有东西厢房。正殿南面有一小院，小院南面是会馆的后殿，里面供奉着刘备、关公等塑像。东院有一个建筑俗称'仙家楼子'的小庙，有门通向南马道。"住在正门西侧、时年 61 岁的李先生说。他的祖父李宗堂便是江南会馆的看门人，他所住的宽厚所街 20 号当年是江南会馆的旁门（注：2015 年，浙闽会馆升格为省级文物保护单位）。

2011 年 12 月，破土而出的明代小王府与近旁的清代建筑、远处的现代建筑短暂际会。雍坚摄

2009 年 11 月，雪中的李家大院。雍坚摄

余之音

那些老院落让人看不够

2003年3月的一天，笔者第一次走进宽厚所街一带的老街区进行"实习"寻访，和我同行的，是山东建筑大学建筑学专家姜波。我们俩就是在这里认识的。当时，笔者所供职的《生活日报》开了一个专栏，由我和老姜合作，连发了22篇系列报道。

正是在日复一日的叩访中，我真正体会到这里的老街、门楼、泉井、古树所散发出的浓浓韵味：那些老院落让人看不够。此后6年间，笔者又多次到宽厚所街片区拍照、走访，和很多老街坊都成了老相识。走在街上，经常听到那熟悉的济南话——"家来喝碗水吧？"

2006年底，解放阁及舜井街片区改造项目公示期间，解放阁及舜井街片区改造工程指挥部曾邀请社会各界的专家学者及省城多家媒体的记者，组织召开了一次有关片区如何开发与保护的研讨会，数位与会专家一致呼吁加大对此片区传统民居的保护力度。或许是为了更方便改造工程的实施，最终这个片区仅有55号金家大院和浙闽会馆旧址被原地保留，此外，由宽厚所街56号、58号组成的李家大院暂时留在了原地等待迁建。其余民居建筑在2008年被悉数拆除。

2008年秋，一位名叫张机的老人给笔者送来一沓宽厚所街老照片。经攀谈得知，他正是宽厚所街"槐树底下张家"的后人。张老对故居不舍之情溢于言表，说拆除时忘了把门牌摘下来作纪念。笔者随后联系到一个收藏老门牌的朋友，从他那里意外讨回了张老故居宽厚所街43号的门牌，亲手奉还给张老。张老激动不已，视为家珍，连说"真没想到"。

可惜的是，整个宽厚所街区最终没有被我们这个城市作为"家珍"保留下来。

2011年夏初，已"原址保留"三年的李家大院，在一片唏嘘中再次被拆除。2015年9月，在原宽厚所街旧址新建的宽厚里一期开街。原来的李家大院旧址，估计会重新建起仿古民居。

同样在2011年，考古人员在原来的小王府街地下，挖出了明代东、西小王府遗址，局部墙址有1.5米高，柱础、房址、水道、古井历历可见，规模壮观。如今，这两座王府也只有在我的电脑里才能看到了。

大明湖畔

的石板路、老院落

◈ 街区地标：汇泉寺街

◈ 街区特质：民居石板路

◈ 拆迁时间：2006 至 2007 年

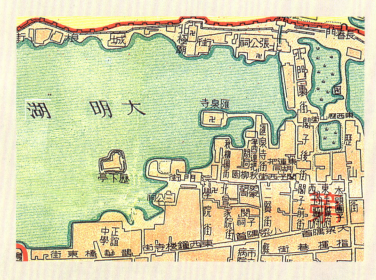

1947 年《济南市街道详图》中的大明湖东南片区

秋柳园街石板路与王家大院（约20世纪90年代）。薛尧摄

再 回 首

本篇所关注的街区是以汇泉寺街为中轴线的原大明湖东南岸片区，也就是大明湖改造一期工程所涉及的片区，又称大明湖片区。其"四至"大致为西起大明湖南门，东至南北历山街，南起大明湖路，北至大明湖。

最后的青石板路街区

拆迁前，从门牌上可以看到，这个不规则区域内有大明湖路、学院街、北曾家桥街、木头园子巷、汇泉寺街、北门里街、东玉斌府街、阁子前街、阁子后街、阁子西街、贺胜戏场街、秋柳园街、东镰把胡同、西镰把胡同、皮家胡同、东西历山街、南北历山街17条老街巷。

对照老地图还可发现，这个区域内还有司家码头、翟家牌坊、二郎庙街（二贤街）、北历山街、西玉斌府街5条街巷名"消而未失"，只是街牌整合进了其他街巷。

由于既不是交通枢纽又远离商业中心，拆迁前，除南北历山街等少数街道已被改造外，这片偏居一隅的老街区相对保存完整，多数街道依旧保持着几百年前的街巷旧貌，旧式门楼随处可见。秋柳园街、阁子西街、北门里街、司家码头、皮家胡同5条街巷还铺着旧时的青石板，构成济南老城最后的青石板街区。

2003 年 4 月，汇泉寺街。雍坚摄

循着街名说历史

"王汴：北门内会波街地势低洼，湖水一涨，道路不复变（辨）矣。汴出家资，砌以石。贵令公以'义路'旌之。"这是明崇祯六年（1633）《历乘》中所记载的一个故事。说的是，明代义士王汴自己掏钱将会波街改成石板路的故事。据考证，故事中的"会波街"即是原大明湖片中的北门里街—阁子后街—阁子前街。

大明湖新区改造前，有人曾说，新区中湖面的扩张是恢复历史风貌。这种说法是缺乏历史考证的，会波街的存在便是反证。此外，在会波街西侧，还有一条与之平行的街巷——二郎庙巷。这也是一条明代就已经存在的老街巷，在清代的时候改称"二郎神街""二郎庙街"，1929 年为破除迷信改称"二贤街"，1966 年前后街名并入汇泉寺街。清道光二十年（1840）《济南府志》中载"二郎神庙在二郎神街，明时建。有碑，祀隋宗师嘉州太守……"这个二郎庙，拆迁前尚位于汇泉寺街，砌在该庙东墙内的碑上尚能看到"大明万历十五年"字样。由此说明，至少二郎庙所在的位置在明末已经是湖边陆地了。

当然，通过志书研究可判定，大明湖片区内的多数街名是清代形成的。如，学院街因位于清代提督学院东侧而得名，学院街北头东拐的石板街曾名学院东街，改为秋柳园街虽然和王士禛组织秋柳诗社的故事有关，不过，时间应该在清末或民初，因为在 1902 年的《省城街巷全图》上，它仍叫"学院东街"。

2006 年，雨中的明代老街北门里街。申胜利摄

老房子

在原来的大明湖片区，有特色的老房子不胜枚举。下面从西向东，拣最有特色的加以介绍。

司家码头街4号
大明湖边的泉水院落

由大明湖南门东行不远，路北原有一条长50来米、由五列青石板规整铺就的小街，街北一堵围墙将近在咫尺的大明湖隔得严严实实。虽然门牌都并入了大明湖路，老街坊们却仍习惯性地称之为司家码头。

"别看现在冷冷清清，当年从南门进城，穿舜井街、县西巷、钟楼寺街游大明湖，司家码头可是最近的乘船之地。街南头正对的是赫赫有名的富贵大戏院，来此听戏、游湖的达官显贵络绎不绝。"2003年，家住大明湖路235号（原司家码头4号）的司长岭先生说。

当年街西有个司家庄，所以码头叫司家码头。司长岭是司家后人中唯一的留守居民。他的小院位于街北路东，是一个独立的四合院，除西北角添加了一栋二层小楼外，当年的东、西、南、北屋尚在，南屋顶覆小瓦，屋内尚保有旧式花棂隔扇。小院遍铺青石，天井虽不大，却被四处蔓延的葡萄、葫芦和笼中雀跃的虎皮鹦鹉点缀得生机勃勃，加之北屋门外还有一口弯腰即可汲水的泉井，更为小院增添了一丝灵气。"这口泉井水深2.9米，是济南市区无名泉中最深的（济南市名泉办称之为司家井）。单位早就分了宿舍楼，可在这泉水小院中住惯了，住楼房感觉像进了鸽子笼，所以一直没搬家。"司长岭的妻子颇为自豪地说。据了解，司长岭已是在此定居的第五代司家人了。其曾祖父为民族企业

2003年秋，司长岭家正屋内原汁原味的旧隔扇。王晓明摄

家，当年曾创办顺和毛巾厂。

伴随着拆迁的逼近，司长岭一家为了小院的保留四处奔走呼吁。最后，有关部门终于同意"保护开发"司家小院，但司家人得搬走。2007年9月4日，司长岭先生一家在即将搬走前，特意在家中搞了一个告别性展览——"司家码头历史文化展"，把他一家人收集到的有关司家码头的历史资料，制成了9个展板予以展示，并自印了"司家码头画册"赠送各界友人。

2009年9月，大明湖新区开放，司家码头和司家小院成为景区中的新地标。

2003年，翟家牌坊最后的四合院。王晓明摄

大明湖路 223 号
翟家牌坊中最后的四合院

司家码头街东邻，有一条南北向的不起眼的实胡同，或许是当年街南口有个牌坊较有名气，这条小巷被老街坊们称为翟家牌坊。20世纪90年代，在大明湖路拓街之后，原本就很短的翟家牌坊只剩下20多米长了。同司家码头街一样，这条清末《省城街巷全图》上曾标注的小巷在拆迁前已并入大明湖路了。

拆迁前，翟家牌坊还有四个大门，其中门牌号为大明湖路223号的张家小院为仅存的一个旧式门楼，虽没有雕花门楣等奢华的装饰，但磨砖对缝的建筑外观依然体现出主人的讲究。推门而入，旧式四合院的格局基本完好，正屋和西屋还披着古朴的旧式小瓦，天井本不算

大，一株盘根错节的老石榴树和一株粗大的香椿树如巨伞般笼罩其上。2003年，73岁的程大娘说："我已在此住了50多年了，算是这个胡同中最老的住户了。老伴姓张，解放前，张家是开药铺的。"据她回忆，胡同中的牌坊早就没有了，刚嫁到张家时，胡同门口两侧各有两块大石头，据说是牌坊基座，但那时胡同中已没有姓翟的人家了。

翟家牌坊的其余3处院落均已改造，位于胡同北头路东的219号院尚有四间正屋为旧式建筑。该院住户说，这里当年是一个何姓盐商的宅院，正屋西侧是一个二层绣楼。

2006 年春，大明湖路 211 号。如今，小楼已拆树犹在。雍坚摄

大明湖路 211 号
楼、房结合的张家后院

由翟家牌坊南首沿大明湖路东行不远，原有一个门牌号为大明湖路 211 号的拱形门，门内正对的是一处楼、房结合的老院落。正屋和西厢房顶上虽已换成了机制大瓦，檐下也新砌了起支撑作用的墙体，但前出厦的外观仍透露出其原始身份的不同寻常。与西厢房相对的，是一栋三开间二层青砖小楼，建筑简洁

实用，从拱券门窗的样式推测，这应是一栋民国时期的建筑，其建筑年代当晚于正屋和西厢房。与老屋、旧楼相对应的是，院内还有一株双人合抱粗的国槐，编号为 B1-0016。"2002 年园林部门来人编的号，这株国槐少说也有几百年的历史了。"院中一居民说。

2003 年，住在北屋的刘大妈说："这个院子当年是张家的后院，前院已在十几年前拓街时变成了马路。"她的居室里，立柱已磨得发亮，但梁架下的原始

隔扇基本完好。

据了解，当年，由司家码头街至学院街之间，因路北为钟楼寺，这段东西街故名东西钟楼寺街，而张家是东西钟楼寺街上有名的大户人家。

另据张家第四代后人张可介绍，他的曾祖父是正谊中学的教师，这个院子在曾祖父的时候已经有了。当年大得多，前院还有一座虎座门。张家院中的那棵古槐有400来年的历史了，以前树上挂着一些匾，经常有人来朝拜，它可能是钟楼寺僧人当年栽种的树木。

2009年9月底，建成开放的大明湖新区中已不见大明湖路211号的踪迹，所幸，那株古槐被留了下来。

老街隐藏着盐商豪宅

拆迁前，由大明湖路钟楼寺遗址继续东行，路北那条南北向的小街就是学院街。街长虽然不过百余米，却是旧式门楼林立。其中，位于学院街南段东侧的一个临街的"山"字形拱门尤为别致。拱门内，北侧原有两个大院，门牌为学院街14号的东院已改造得面目全非，令人惊讶的是，门牌号为学院街12号的西院的所有建筑竟原汁原味地保持着当年的风貌。西院大门朝南，进门正对的座山照壁朴素而简洁。由照壁前左拐进入二门，里面是一个标准四合院，但南屋

2006年4月，两个男孩从学院街张家大院门前走过。雍坚摄

大明湖畔的石板路、老院落

139

与正屋、东西厢房间又设了一道门，门内的高大正屋与稍低的东西厢房旧貌依旧，连屋顶上的花脊小瓦都完好如初。

2003 年，住在东院的张永同先生介绍说："西院、东院都是当年张家大院的一部分，其原始格局还包括东院以东、现开门于北曾家桥街的一个大院，门牌为北曾家桥街 4 号，那个院子里现在还有旧时的书房、正屋等建筑。张家祖上是盐商，我就是张家的后人之一，我的祖父弟兄三人，后来分家时他们各分得一处大院。"

大明湖新区建成后，仅学院街 12 号被原址保留，并改建为老舍纪念馆。此时，再称它为张家大院已经有些夸张了。

2007 年 8 月 10 日，大明湖片区最老的民居——北曾家桥街 4 号面临拆迁。雍坚摄

北曾家桥街 4 号
咸丰年间的老房子

"我祖上曾是清代的一品官，我所住的院子中，正屋大厦房建于清代咸丰年间，距今已有 150 年历史。在大明湖扩建中，如果像普通房子一样轻易把它拆掉，感觉心里很疼得慌！"2004 年春，家住北曾家桥街 4 号的张寿荔老人说。

张寿荔所说的北曾家桥街 4 号，正是上面所说的学院街 12 号、14 号张家大院的东院。"张家东院"并不是一个简单的四合院，而是由好几个小院组成。那座建于咸丰年间的老屋，位于最西侧，院内种了一二十棵香椿树。打眼看，这座顶覆小瓦的老屋并不高大，不过，屋内的细部结构却很讲究。传统建筑多以土木石为建材，要是不返修的话，一般民居很难坚持这么多年。像张家正屋这样高寿的民居，在济南市区中已极为罕见。

张寿荔老人曾经有一个心愿，"因大明湖扩建改造，需要我们搬走不要紧，我们只希望有关部门能将整个大院保留下来，需要修缮的修一下，将来留给游人和后人观看。"

这个朴素的愿望最初貌似"实现"了。2007 年 8 月，大明湖一期工程拆迁之初，那座咸丰老屋确实被保留在了原地。可是好景不长，一年后，在新区建设中，老屋还是被拆掉了。

2006 年 4 月，学院街 8 号黄家大院。雍坚摄

学院街 8 号
染坊黄家的前后三合院

从学院街 12 号、14 号的盐商张家大院北行十多米，路东那个门牌为 8 号的青砖小瓦门楼即是当年的黄家大院。拆迁前，这个院子的部分房屋里仍住着黄家后人。

推开黄家大院的大门，只见正对面的照壁上爬满葡萄藤。旧式二门设在照壁左侧，二门以内，乍看上去，像是一个大四合院。仔细观察，原来这并不是一个由正屋、南屋和东西厢房组成的独门独户四合院，而是一个由前后两个三合院组成的院落。前院无北屋，后院无南屋。两院间当初只是设了一道隔墙，并开有小门，如今隔墙业已拆除，故院子显得较为疏朗。前院的天井不大，南屋和东西厢房俱在，东厢房保存得尤为完好，不仅顶覆小瓦，连门窗都镶着旧式花棂，可谓古韵十足。后院的天井较大，正屋及东西厢房俱在，只是顶部已换成机制大瓦。

2003 年，刚从外地回老家济南探亲的黄先生介绍说，62 年前，他就出生在这个院子里。同电视剧《大染坊》中主人公陈寿亭一样，黄家当年也是由周村来济南开染坊的，染坊设在东流水街。这个大院是黄家当年从别人手里买下来的，估计已有百年之久。

大明湖新区改造中，黄家大院被拆除。

141

2006 年春，北曾家桥街 26 号的青砖小楼。雍坚摄

北曾家桥街 6 号、26 号
各有一座青砖小楼

学院街 8 号黄家大院北侧路东有一条蜿蜒小巷，东与汇泉寺街相交，南通大明湖路，这就是北曾家桥街。据说，街名源自街口南面与小梁隔首（今大明湖路）交会处当年有座石桥——曾家桥。

曾家桥早已湮没，桥北这条较为隐蔽的小巷两侧已没有几家完整的旧式院落。2003 年，北曾家桥街还有两座旧式小楼，一栋位于临街路东的北曾家桥街

6 号，为两开间二层小楼，外墙遍涂白石灰。另外一栋小楼则隐于曾家桥街 26 号院内。推开 26 号的大门，是一条狭长的过道，过道尽头是一道简易二门，二门以内则是一个保存较为完整的四合院，与一般四合院不同，这个四合院的正屋是一栋三开间二层青砖小楼，该建筑透露出鲜明的中西合璧色彩，顶部为传统的小瓦花脊，门窗则换成了近代西洋风格的拱券门和玻璃窗。"这个小楼原来是吴家的，据说是 20 世纪 20 年代拆掉正屋平房建起来的，如今建筑仍很结

实。东西厢房最早为草屋，后来换成了小瓦。院中原有一口水井，现改为压水井了。"住在这个小楼居民程先生说。

这个小院天井并不大，东西厢房均为两开间，故建筑整体结构显得较为紧凑。但由于颜色、风格和谐一致，作为正屋的青砖小楼并不显得十分突兀。

2008年，26号的小楼在大明湖新区建设中被拆除。

秋柳园街9号
钱家大院是有名的老房子

由学院街北首东行，脚下是一条由青石板铺就的小街，这就是紧挨大明湖的秋柳园街，旧名学院东街。据记载，清顺治十四年（1657）秋，23岁的王士禛与诗友会饮于大明湖南岸水面亭，即景挥毫赋《秋柳》诗四章，因风格独特，境界高远，一时震惊当时文坛。后来人们在亭畔建馆舍数间，观柳赏荷，即兴赋诗，雅称"秋柳园"。大明湖新区建成前，秋柳园馆舍业已湮没，只剩下园南不远处的秋柳园街还"象征"着历史。

拆迁前的秋柳园街，东西长度只有百余米，宽仅三米多，依然是当年的街巷尺度，只是旧式院落已经不多。位于街西路北、门牌号为9号的钱家大院当年是这条街上有名的老宅院。

钱家的大门已改造成了低矮的过门，院内原始格局虽然已经模糊，但依稀能看出这曾经是一个颇具规模的组合院落。进大门前行十米许，有一北一东两道二门各通往一个四合院。北面的四合院仅存正屋等部分旧式建筑，东面的

2009年7月，秋柳园街9号钱家大院的内宅（东面的四合院）被留在了大明湖新区。雍坚摄

2003 年 4 月，秋柳园街 11 号正门漂亮的小瓦花脊。雍坚摄

四合院则保存得特别完整。这个院落相对封闭，对外通道设在南屋和西厢房的夹缝中，夹缝外还添加了一道门，估计当年应为钱家的内宅。四合院院内未添加后天建筑，东、西、南、北屋全然一派古韵，一株高过屋顶的老石榴树荫庇了多半个天井，愈加衬托出小院的隐蔽和静谧。

2003 年秋，住在西屋的一位老太太已是头发花白，谈及大院的历史，她喃喃地说："我在这里住了 64 年了，刚来钱家时，我的爷爷已 80 多岁了，据说这房子是他盖的。"

大明湖新区建成后，钱家大院内东面的四合院被保留了下来，可称之为"钱家小院"。

秋柳园街 11 号
青石到顶的王家大院

与钱家大院比邻的秋柳园街 11 号是被街坊们称作"新房子"的王家大院。2003 年，这处宅院的年龄已有 70 岁了。据说，因为当年翻修院落时，王家首次采用了机制大瓦，且屋壁与院墙均是青石到顶，这与秋柳园街其他青砖小瓦的旧民居形成很大反差，故被称为"新房子"。

2003 年，留守在"新房子"中的依然是王家的后人。与小街上新建的现代房屋比，"新房子"早已不新了，墙上的拴马石被拽豁了"鼻子"，斑驳的黑漆大门顶上一蓬秋草，虽显没落之象，但方方正正的院落格局和坚固耐久的建筑质量却暗示着这个大院的特殊身份。

王家大院占地千余平方米，由前后两个四合院构成。高大的正门设在大院的东南角，进大门后左拐是一道简易二门，二门以内还有一道颇为讲究的虎座门（中门），将四合院分为里外两个部分。门外是南屋，门内是正屋五间与东西厢房各四间，方形天井中是两株枝繁叶茂的石榴树，由于住的人不多，整个院子祥和而宁静。"这个正屋是个穿堂屋，后面还有一个这么大的四合院。"居住在此的王延敏女士说。

据王延敏讲，王家原来是历城高墙王家村的大地主，后来进城做木材、杂货生意，她的爷爷叔伯弟兄五人各有自己的生意，当年便分住在这个大院中。

这个院子是大约70年前，王家从别人手中买的旧宅子然后予以翻新的。当时曾挖出一块石碑，碑文记载这里曾是王渔洋（即王士禛）的旧宅。没有王渔洋就没有秋柳园，更不会有秋柳园街，能与300年前的大诗人同居一址，当真有幸！

可能因为这个缘故，后来的不少报道以及官方的规划中，都把这处院落当作"王士禛故居"。这种比附，会"误导"很多人，说不定哪天会有学建筑的学生会真把他当作清初建筑来研究。

后来又听说，有人把11号院背面那座紧邻大明湖的院落称为王士禛的原始故居。其实，那个院中确实有座绣楼很有味道，可怎么看也不像是300岁的民居建筑。如果是的话，乾隆《历城县志》和民国《续修历城县志》怎么会缺载呢？

2004年，秋柳园街11号后面的传统院落（已拆除）。雍坚摄

2004 年，从大明湖远眺路大荒故居。郭建政摄

秋柳园街 25 号
不得不说的路大荒故居

1937 年 12 月底，日军攻占济南。当城中百姓纷纷携家外逃的时候，一个背着土布口袋的中年人却从淄川乡下悄然潜入济南。对他来说，个人的荣辱安危可以置之度外，但口袋中的东西却万万不可落入侵略者的手中。越危险的地方越安全，置身于日本人的眼皮底下或许能躲过一劫。这位外乡人在济南定居下来，以做家教、街头写字为生，当时街坊们都以为他不过是个落魄书生，直到抗战结束后这个外乡人被聘为省图书馆特藏部主任时，人们才知道，原来他就是著名蒲学专家路大荒先生。当年他初来济南时口袋中背的不是干粮和衣物，而是弥足珍贵的蒲松龄手稿。

路大荒为中国收集蒲松龄手稿最多的学者，被誉为"蒲学研究第一人"。当年他只身逃难到济南后，最初便住在大明湖畔的秋柳园街 25 号的小楼内。25 号院内原有两座前后相错的二层六开间小楼。路大荒的外孙女尚义华介绍说，当初路大荒就住在前楼的一层，这里可谓是他在济南的第一处故居。

早在大明湖片区拆迁前的几年间，社会上便不断有人呼吁，希望把 25 号这栋有历史意义的小楼保留下来。遗憾的是，2006 年 5 月，它还是被悄然拆除。

皮家胡同 4 号
石板胡同中的大厦房

在秋柳园街中段路南，有一条长不过七八十米的小胡同，它南与北曾家桥街相通。或许是当年有户姓裴的人家首先在此定居，所以在清末《省城街巷全图》上，这个小巷被标注为裴家胡同。因济南方言中，裴与皮读音相同，因此后来的街名逐渐被演化成了皮家胡同。

2003 年的皮家胡同，已没有裴家后人居住，胡同两侧的民房多数已改造为红砖大瓦的现代平房或外贴白瓷砖的小楼，但胡同中仍铺着几百年前的青石板路。在裴家胡同中段路东的 4 号院，还完整保存着一座百年大厦房。大厦房坐北朝南，面阔三间，顶覆小瓦，透风花脊犹在，厦下有廊，门窗作了部分改动，但上部依旧为花棂结构，正门两侧有木刻楹联：奇石寿太古，好花开四时。"这个院子解放前是张晓园买下的，其最初的主人是谁我也不清楚。"住在大厦房西侧偏房中的宗先生说。

在大厦房前的天井中，还有一口内圆外方的古井，水面距地表不足 1.5 米。有了水的滋润，小院自然平添了几分生气。厦房前的冬青、丁香长得枝繁叶茂，连花盆中的滴水观音等植物也养得生机勃勃。

2007 年 8 月，大明湖片区拆迁时，皮家胡同 4 号的大厦房被暂时留在了原地，窗棂则被人拆走。两年后，当年的

2007 年 8 月 10 日，皮家胡同 4 号大厦房。安紫摄

大厦房被"改造"为前后出厦的"二郎庙"，外观和原来已大相径庭。据说，设计者本想直接将皮家胡同4号正屋改为"二郎庙"，其间发现难度挺大，索性新建了座仿古建筑。

汇泉寺街46号院
窗台底下藏着一座山

秋柳园街走到东头，与之相交的即是汇泉寺街。街名得自大明湖东部孤岛上的汇泉寺。在20世纪70年代浚治湖

2003年秋，汇泉寺街46号老街坊向笔者介绍东屋窗下藏着的灰山。王晓明摄

水之前，小岛有土路通往东岸，东岸往南的街道即是汇泉寺街。它南至大明湖路，与县东巷相对，长300多米。北段因地势较低，易遭水浸，旧时定居者多为中、小户人家。除保有不多的旧式门楼外，其余皆被现代居民楼取代。只有中段往南仍是独门独户的旧院落。

汇泉寺街之所以有名，不仅因为它北通汇泉寺，还因为这里藏着济南的风水宝山——灰山。过去，人们形容济南的人杰地灵，总免不了要念叨"三山不显出皇位，四门不对出高官"。这"三山"均为平地突起于济南古城中的高不足一米的孤石，流传至今有多个版本，最通行的说法是指历山、铁牛山和灰山。

拆迁前，灰山就藏于汇泉寺街南段路东的46号。它卧于小院东屋窗台下的特意砌成的拱门中，质地为石灰石，裸露在外的部分高约0.3米，长约0.7米，北侧还有一个小山洞。乍看上去，外人还会以为这是主人设置的假山。

"这个院子解放前是一大食品店老板王家的磨面库房。20世纪60年代我刚搬来住时它就砌在墙中了。当时住西屋的八旬老人闫大爷说，这就是'三山不显'之一的灰山，我才意识到它的金贵。后来翻盖房子时，就特意留了一个拱形门以供人参观。"2003年，东屋主人耿继光先生说。据了解，原来灰山还有一个山头，可惜被意外砸掉了。

汇泉寺街
52号、50号、48号
田家大院是个大型组合院落

在汇泉寺街南首路东，有一个颇为气派的四柱大门，门牌号为汇泉寺街52号，走马板上隐约能看出写有"三多九如"四字。"三多九如"是我国传统中常用的祝颂之辞。"三多"者，即"多寿、多福、多子孙"。"九如"者，即如山、如阜、如冈、如陵、如川之方至、如月之恒、如日之升、如南山之寿、如松柏之茂，典故源自《诗经·小雅》。据介绍，这里当年是汇泉寺街最大院落——田家大院的正门。田家大院是一个至少包括五个院子的组合院落，在规模上堪称大明湖片区内最大的宅院，新中国成立后被人为分割。

走进52号，只见左、右、前三方各开有二门，历经后天改造，拆迁前只有左侧二门内是一个完整的旧式四合院。与大门的方向相对应，这个小院的正屋为东屋，小瓦花脊的旧貌未变，作为厢房的北屋、南屋则相对较低。院内未添建其他建筑，几株树叶金黄的石榴衬托得天井幽静而雅致。

52号北屋后有条小巷，进门后正对的是一个辟为家庭宾馆的院子，门牌为汇泉寺街48号，里面又被一道二门分为两个小院，西小院已改造，东小院的正屋仍为青砖小瓦。2003年，院主人赵兴义介绍，这里当年是田家大院的后花

2006年4月，汇泉寺街52号田家大院正门。雍坚摄

149

2006 年，大明湖 163 号，田家大院的一部分。雍坚摄

园，由南屋穿堂而过可通往南面的另一个院子。家庭宾馆门外路南，是一个门牌为 50 号的四合院，住着 6 户人家，除东屋已改造外，南、北、西屋仍为旧式结构。北屋为前出厦带走廊结构，厦下立柱间镶有九块木质透雕，图案内容为鹿、凤等瑞兽瑞鸟。虽然褪色的雕花雀替和残缺的檐角昭示着繁华不再，但当年的"大家"风范仍历历在目。"这个院子原是田家的客厅，以前与 52 号院相通。"住在北屋的女主人说。

除汇泉寺街 52 号、50 号、48 号外，位于 50 号院正南面的大明湖路 163 号当年也是田家大院的一部分，该院的原始格局已经被大明湖路在 20 世纪 90 年代的拓宽打破。拆迁前，这个院子的原始建筑还剩下一个带屏门的后院，正屋顶覆小瓦，前出厦带走廊。

田家大院一带曾是盐商聚居的区域。田家大院北面不远的汇泉寺街 34 号当年是盐商左家的大院，大院内宅中原有一座二层绣楼。

汇泉寺街中段
不足 4 平方米的二郎庙

"东芙蓉，西奎文，曲水亭街后宰门"、"东更道，西更道，王府池子二郎庙"，诸如此类的街名歌谣过去在济南妇孺皆知。虽然在地图上名称已经注销，但现实中的二郎庙街和二郎庙在大明湖片区改造前依然存在。对照清末《省城街巷全图》可发现，汇泉寺街旧时包含两条街，北段叫汇泉寺街，南段叫二郎庙街，街上建有二郎庙。

由汇泉寺街南首北行百余米，正冲街口的是一间坐北朝南、四米多高的小房子，顶子已换成了机制红瓦，山墙仍是青砖砌就。乍看上去，人们会以为这是座半改造的老门楼。经人介绍，原来这就是当年的二郎庙。2003 年，这座室内面积不足 4 平方米的小庙被一位姓张的先生从居委会那里租来搞了个扎啤摊。当年庙内供奉的二郎神早已不知去向，只有脚下磨得发亮的青石板如实记录着当年的足迹。

"原来墙上都有彩绘的神话故事，后来被涂上白灰盖住了。"张先生说。值得一提的是，拆迁前，二郎庙东山墙上镶有一块石碑，外面涂有白灰，仔细观察，隐约能看出其刻石纪年——"大明万历十五年"（1587）。

它不仅证明二郎庙是座始建于明代的宗教建筑，还证明，至少在明万历年间，二郎庙所处的位置就已经是湖畔甚至街区了。汇泉寺街濒临大明湖，易遭水淹，当年人们在此建庙祭祀，估计和祈求二郎神震慑蛟龙、消除水患有关。

2006 年 4 月，尚存明代碑刻的二郎庙。雍坚摄

东、西镰把胡同
有不少独门独户的小院落

在老济南的老街旧巷中，对称分布和象形名称是两个重要特征。位于汇泉寺街北段左右两侧的东镰把胡同和西镰把胡同便是代表。

西镰把胡同长约百米，宽三四米，东接汇泉寺街，进去后向北一拐直通大明湖。拆迁前，这条老胡同北面与大明湖间已被高高的围墙隔开，胡同与汇泉寺街之间的平房已被三栋红砖居民楼所取代，只有胡同西侧、南侧还零星可见几座旧式门楼，院内建筑多数已经改造。从院落格局来看，这条紧挨大明湖的胡同在旧时均为独门独户的小院。

与西镰把胡同相对的东镰把胡同西接汇泉寺街，进去后往南一拐可通阁子西街，长度也在百米左右。所不同者，这条胡同较为狭窄，最窄处不足两米，胡同两侧依次分布着近十座旧式门楼，规格虽然不高，一座座却也是磨砖对缝、小瓦屋脊。拆迁前，除了偶尔传来几声孩子们捉迷藏的嬉戏声外，这条偏居一隅的小胡同寂静得如同睡着一般。

东、西镰把胡同的历史有多久，今天已难以考证。从清末《省城街巷全图》上所作的标识可断言，这里被称为东西镰把胡同至少已有百年之久。由于居民多是些小户人家，这两条胡同旧时是未铺青石板的土路，直到1982年才改铺为沥青路面。

2006年5月，东镰把胡同。雍坚摄

152

阁子西街老门楼
规整划一、古香古色

　　由秋柳园街和汇泉寺街交界口东行，是颇有名气的阁子西街，它因旧时位于汇波寺阁子（1946年拆除）以西而得名。阁子西街虽然长不足百米、宽只有三米许，却是厚实平整的青石板路；街两侧的民居虽然没有深宅大院，却是旧时家境殷实的中等人家的居所。

　　拆迁前的阁子西街两侧院落基本保持着原始风貌，小瓦花脊的大门楼与青石起基的白灰墙次序相连，门前普遍设

有两层石阶。似乎是历史上做过统一规划，这里每家每户的院落大小和建筑样式都颇为相似：走进大门后正面均为建在厢房山墙上的座山影壁，由照壁前左拐是一道简易二门，二门以内是一个四合院。2003年，老街坊刘长荣老人说，当年这条街上的住户不少是在济南经商的生意人家，他所住的阁子西街5号院的原主人以前在院西大街（今泉城路）一"祥"字号店铺中任经理，后来卖给了潘家，旁边不远的9号院据说以前属于做蔬菜生意的卞家。

　　阁子西街的民居虽然相似，不过每

户民居在建筑样式上都暗含着个性。有的是在大门以内加了两根立柱，使门楼内宽敞得可以放下一架轿子；有的是将院内的厢房建成了前出厦结构，虽奢华但低调，不显山不露水；为了节省空间，一般的座山影壁只是象征性地在山墙上直接砌出个小墙帽，而阁子西街9号院的座山影壁却下了真功夫，不仅墙帽突

出，而且墙帽之上高翘的蝎子尾几乎遮住了山墙脊角，在墙帽上下还镶有精致的砖雕福瑞图案。

北门里街 12 号
石板街上的唯一老门楼

由阁子后街北行，与之相接的南北向石板街便是北门里街，此街因处在原城墙内的北水门内而得名。拆迁前，在济南古城区所剩为数不多的石板街中，长208米的北门里街是最长的。

同阁子前街、后街一样，北门里街也是建在废弃了的宋代百花堤上，在明代，这三条街被统称为会波街，大约至清代中期，北门里街才有了现在的名字。当时它同周边的二郎庙街等六条街道被划为城内八约（八区域）中的"和礼约"。

拆迁前，北门里街的青石板已有些凹凸不平，街两侧的多数旧式民居也在建国后疏浚大明湖时被统一拆除并改建为青砖红瓦的民居，因此这里的大部分民房属于"房管房"。街北与大明湖相通的路早已封住，但隔着围墙，已能看到大明湖畔的会波楼。

位于街北路东的12号院保存着一座小瓦花脊的老式门楼，院主人王先生一家原住在铁公祠一带，1958年迁到这里。他说："别看我这门楼不大，但却是北门里街唯一的一座老式门楼，经常有到这里来拍照的人！"

大明湖公园建成后，原北门里街的石板路主体被幸运地保留了下来。

2006年5月，北门里街12号门楼。雍坚摄

2009 年 8 月，修复一新的阁子前街 14 号院内。雍坚摄

阁子前街 14 号
有金柱大门的邵家大院

阁子西街走到东头，往南是阁子前街，往北是阁子后街。这两条街在明代与北门里街合称会波街，至清代中前期改称汇波寺街，在清末则通称汇波寺阁子街。20 世纪 30 年代，以街中间的汇波寺阁子为界，往南称阁子前街，往北称阁子后街。汇波寺阁子上半部为三官殿，下半部为一券门，1946 年修整街道时将其拆除。

拆迁前的阁子前、后街各有 150 米长，宽度四五米，沥青路面。除 8 号等少数民居还保留着旧式门楼外，阁子后街的民居建筑多数已改为现代平房。相比之下，阁子前街的旧式民居则颇有古韵。

门牌为阁子前街 14 号的邵家大院保留着很讲究的金柱大门，门洞上方镶嵌着精美的浮雕福寿如意走马板，长约 2 米，高约 0.5 米。这是大明湖片区中仅存的最后一块大门雕花走马板。更为难得的是，院内西北角还保留着一栋二层二开间青砖绣楼，绣楼东侧为三开间前出厦的旧式正屋。据老街坊讲，邵家大院以前还要大得多，往东还有几个院

2006 年 4 月，阁子前街 14 号的福寿如意走马板。雍坚摄

子。邵家大院北侧的李家大院也有百年之久，它由东西两个四合院组成，建筑基本保留着原始风貌，拆迁前，李氏后人李光前一家仍住在东院。

幸运的是，14号院在大明湖新区扩建中被原地保留并加以修缮。不过，正门上的如意走马板、砖雕墀头却在片区拆迁时被人给"顺"走了。这不能不说是"万幸中的不幸"。

阁子前街 15 号
完整的三进大院

阁子前街14号路西有条支巷，支巷尽头藏着门牌为阁子前街15号的院子。在这个不显眼的门楼里面，隐藏着一个完整的三进大院。一说，这里过去是姬家大院，也有人说，它也是邵家的。汇泉寺街拆迁时，这个大院被留了下来。对热爱民居建筑的人们来说，这算是遗憾中的欣慰吧。

15号院的院门坐西朝东，进门后是一个很讲究但已经破败的屏门。屏门看似破败，可其精细的木雕走马板足以显示，当初主人在建造时是花了大价钱的。屏门内是一个三合院，正屋换成了红砖红瓦，但雀替如故，更让人惊讶的是，院中正屋、厢房的墀头均有精细的砖雕。图案有鹿、兰等祥瑞图案。且挑檐石上墀头砖雕在三个立面上均有，这

2009 年 11 月，雪中的阁子前街 15 号。雍坚摄

比一般高档民居只有正面砖雕显然又高档了不少。

绕过红砖红瓦房，一座古香古色的完好无损的后院呈现在眼前，正屋为大户人家才有的前出厦结构，檐下有廊，院西南角一棵参天白蜡树像巨伞般荫蔽了整个院子，让人感觉特别有味道。

东玉斌府街 6 号
左家大院有栋带卷棚的楼

东玉斌府街是阁子前街东面的一条南北街巷。关于它的来历，众说不一。一说是陈仪宾世居此处，俗称仪宾府。在光绪己丑年（1889）印制的《省城街巷全图》上，有"仪宾府"之街名。后来喊来喊去，成了玉斌府，进而分化为东、西玉斌府（1926年《续修历城县志》所附地图上最早出现东、西玉斌府的名称）。仪宾是明代对宗室亲王、郡王之婿、孙女婿等的统称。倘此说成立，那东玉斌府应是条明代老街。

另一种说法是清末陈义斌居住于此，俗称义斌府，后以其谐音改称玉斌府，进而有东、西玉斌府之街名。这种说法可能更靠谱，因为在明崇祯、清乾隆《历城县志》上，并没有对这条街的记载。

大明湖片区拆迁前，在东玉斌府街，已经找不到陈仪宾（或陈义斌）后人居住的院落，街上最有名的则是6号左家大院。这是一处未经争议就被保留下来的老宅院。这个左家大院与汇泉寺街左家大院有无关系，还有待进一步考证。

从院落格局看，东玉斌府街6号只是左家大院的后院，它与位于其南面的过堂屋加起来，才组成左家大院的原始主体。

2006年4月，东玉斌府6号砖雕气窗。雍坚摄

2009年11月，东玉斌府6号墀头砖雕。王晓明摄

2006 年 4 月，东玉斌府街 6 号，带卷棚的楼。雍坚摄

6 号院最有特色的是，该院正屋是一座带卷棚的楼房，这种建筑济南独此一家。老住户说，有位来自北京的建筑专家曾专程到这里来考察，看到后赞叹不已。第一次走进东玉斌府街 6 号的人，都会被这座民居门楼、正屋墀头上的精美石雕、砖雕所深深震撼——怎么会被雕刻得这么细致。

2004 年，住在该院的老街坊介绍说："正屋这栋石头到顶的楼房棱（济南方言，意为"很"）结实，在这个院子住了四五十年了，一次也没有修过顶子，但从来不漏雨。"

大明湖路 247 号
铭记国耻的思敏楼

2008 年 9 月初，位于大明湖 247 号的一栋临街楼的拆迁一度引起不少人的关注。

因为，这不是一栋普通的临街楼，也不仅仅是一座有近百年历史的西式洋楼。人们之所以怀念它，还因为它是老济南名校正谊中学的标志性建筑，曾见证和记录了让济南人刻骨铭心的"济南惨案"。

正谊中学由鞠思敏等济南教育界名

人创办于 1913 年，校址位于大明湖南岸的阎公祠（清末山东巡抚阎敬铭祠堂），是济南最早建立的中学之一。1928 年"济南惨案"发生时，正谊中学惨遭日军炮火轰炸，校园内被炸得到处是断壁残垣。时任正谊中学校长的鞠思敏先生在炮劫后吩咐事务处，将教学楼主楼被击毁的屋顶，一律补上红瓦（原为青瓦）。"我记得当时鞠校长说，'五三'惨案是我们的国耻，补上的红瓦就是我们死难同胞的鲜血；弹痕累累的残垣，就是国耻碑志！"省文史研究馆馆员王昭建先生当时正在正谊读书，那一年他 17 岁，回忆起当时的情形，他记忆犹新。

鞠思敏先生的爱国热忱和这栋楼的不平凡经历，使得此楼早已被济南市民所铭记。虽然新中国成立后，正谊中学几易其名，可人们还是亲切地管这栋楼叫"思敏楼"。2008 年 9 月，思敏楼以"异地迁建缩尺整合"的方式搬到东面的司家码头"再生"，西式主楼北面还添加了一座中式门楼。这种做法并未得到业内人士的一致认同。在一篇建筑学论文上，一位山大学者在对比新旧图片后困惑地质疑道："这还是历史的它吗？"

2006 年 4 月，思敏楼。雍坚摄

大明湖片区本应"更济南"

"大明湖扩建后由园中湖将变成城中湖，这是件好事。我认为，应结合这一历史街区的特点，尽可能地多留几条原汁原味的历史街巷，对于散布在各街巷中的那些特色民居建筑，应尽可能地予以保留并加以修缮，减少几处人造园林的设计，代之以原汁原味的街巷和特色民居，这不但能成为旅游的亮点，还会为历史文化名城济南留下真实的物证。"2004 年 3 月，时任济南市考古研究所副所长的李铭在接受笔者采访时说。

类似的声音并没有对大明湖扩建工程的总体规划起多大影响。从 2006 年开始，大明湖片区的拆迁进入"现在进行时"。其间，从媒体报道可知，整个大明湖风景名胜区扩建工程原拟保留 22 处特色民居。其中，大明湖片区 19 处，小东湖片区 3 处。

笔者原以为"22 处"是一个底线。令人始料不及的是，2009 年 7 月，笔者赶到即将竣工的大明湖新区走访时发现，"22 处"之底线差不多又打了个对折，寻寻觅觅，存留在大明湖边的原始民居不过十来处，被坊间誉为济南最美的石板街的阁子西街，竟然没有留下一个老门楼、一块青石板。

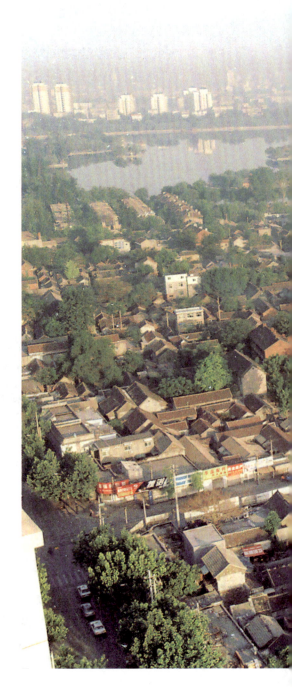

2004年5月，大明湖东南岸民居。王琴摄

2006 年 4 月，一位表情复杂的老住户站在拆迁中的木头园子巷街南口。雍坚摄

此前的规划为何又中途修改，个中原因不得而知！

令人不解的是，原位于汇泉寺街的真二郎庙被拆除了，墙体中的明代石碑也在此前不翼而飞。大明湖新区建好后，设计者在原皮家胡同 4 号的位置建造出一座前后出厦的新二郎庙。大虽大矣，却不合于历史本来面目。原始的二郎庙虽然只是一间小平房，可那恰恰反映了旧时济南的一种民间俗信之原貌。

值得一提的还有：大明湖新建景区既然设计为一个湖畔园林景区，为何不把原来隐于汇泉寺街 46 号窗下的灰山凸显出来，作为一个历史景观点缀其中？笔者看到，大明湖新建景区内添加了一个富丽堂皇的灰山亭，亭内空空如也。而那座袖珍灰山，据说就隐于灰山亭旁边的河道内，水浅的时候才能看见。

大明湖新建景区 2009 年起对市民免费开放，像当年的剪子巷、泉城广场改建之初一样，在一片誉美声中，人们似乎忘记了，这里原本应该设计得更济南……

164

老东门：

高墙后的大户人家

◈ 街区地标：老东门

◈ 街区特质：老字号民居

◈ 拆迁时间：2008 年

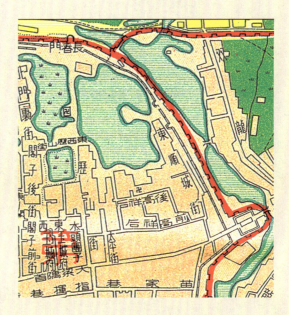

1947 年《济南市街道详图》上的老东门一带

1992年拓宽前的东门大街（大明湖路东段），尚保留着典型的清代风格。姜波绘图

再 回 首

伴随着大明湖改造二期工程（小东湖片区）的进展，"尘封"于老东门一带的老街区在2008年春天淡出济南人的视线。当年的老街旧巷，如今已变成大明湖新区中的水面和湖畔景观带。

老东门名称的由来

老东门，是济南人口中的一个重要地标。济南的砖石城墙建于明代洪武四年（1371），原来只有东南西北四个城门，且"四门不对"，东门偏北，叫"齐川门"（位于今大明湖路与黑虎泉北路交

1965年的东门大街（按察司街北口向东）。
王建浩摄

2008年3月，东门人家俯瞰。雍坚摄

界口）。清末光绪年间，因城内人烟繁盛，济南又增开四个城门，在齐川门南面新辟异利门（原址在今运署街东头），俗称"新东门"，而原来的齐川门则被俗称为"老东门"。

"八大街区"此处居一

清乾隆《历城县志》把济南城内街区分为"八约"（八个街区），其中，"温字约"包含东门里街、东城根街、苗家巷、高墙后街、北城根街5条街巷。

大明湖新区建成前，位于南北历山街以东、黑虎泉北路以西、大明湖路以北、东湖以南的老街区正是当年"温字约"的核心地带。所不同者，只是街名略作了改动。当年的东门里街后改称东门大街，1965年并入大明湖路；当年的东城根街改称"东顺城街"；当年的高墙后街则位于东门里街北侧，因街南地势南高北低，其住宅之北墙建得很高而得名。后来街北住户增多，形成新的街巷，1929年后取其谐音，雅称"前高祥后街""后高祥后街"。

此外，在东门里街和高墙后街之间，清末还形成了一条小街——太平街，街名源自街北口东侧的一眼太平泉。后来为了同南关太平街相区别，改称"北太平街"。

百年来东湖越变越小

大明湖新区建成前，东湖位于后高祥后街北侧，是从大明湖分离出来的水

2008年1月，从前高祥后街的高墙下走过，人显得那么矮小。雍坚摄

域。明清至民国初年的方志中都不见对东湖的记载，清末《省城街巷全图》上也对它未加标注。有人推断，宋代曾巩于大明湖修筑百花堤，堤西侧湖面时称"西湖"，堤东侧湖面应该称"东湖"。此说无文字记载，值得商榷。因为如果

2006 年 12 月，最后的小东湖。雍坚摄

这种推断成立的话，在明、清《历城县志》上，东湖应该像"百花洲""濯缨湖"那样有明确记载才对。

1914 年的《济南城厢图》绘出了东湖形状，当时的湖面占据了今南北历山街和黑虎泉西路之间的一半空间；东湖与大明湖之间还有两个小湖，它们与大明湖相通，但水域相对独立。

在 1947 年的《济南市街道详图》上，东湖的水面相对变小，它西面的那两个小湖已完全与大明湖隔开，并且也明显变小。在 1964 年出版的《山东名胜古迹·济南》一书所附的地图上，东湖变得更小了，它与大明湖之间的两个小湖则完全消失。

"因为没有活水注入，最近 30 年，东湖仍在逐年变小，现在大家都管它叫'小东湖'。"2008 年春，后高祥后街老街坊赵大爷说。当时，在东湖边密生着芦苇。

老房子

过去出东门就是通往章丘的官道，所以历史上老东门一带虽然在济南不如西关出名，但也是繁华之地。进了老东门后，老字号也是一家连着一家。1992年大明湖路拓宽，沿街的旧店铺悉数被拆除，留在路边的多是当年那些前店后宅建筑的"后宅"了。

大明湖路 14 号
受过两次炮击的福源成点心铺

大明湖路14号原位于大明湖路与黑虎泉北路交界口西北角附近，2008年拆迁前，主体建筑是一个三开间二层青石小楼，行人从黑虎泉北路上远远就能看见它。

搬家前，时年83岁的滕大爷住在这个小楼内。他介绍说，他老家是华山镇前王庄的，这个院落原来的门牌是东门里5号，民国时期是他家所开设的福源成点心铺，主要制作各种糕点和八月十五的月饼。虽然有这样的一个店铺，但日子过得并不是很宽裕，开店挣的钱都拿回老家买地用了。记忆中，小时候能吃顿包子就是改善生活了。

由于福源成靠近东门瓮城，20世纪济南城所遭受的两次战火都被它给趟上了。第一次是1928年"济南惨案"时，日军的炮火把点心铺中间的屋顶炸塌了，并引起了大火，大火过后，屋顶被

2008年3月，大明湖路14号二层青石小楼。雍坚摄

2008 年 6 月，合兴斋酱园向济南人做最后的道别。雍坚摄

迫换了新瓦；第二次是 1948 年"济南战役"时，福源成再次成为落炮最多的地方，西厢房又被炸塌。不过，滕大爷当时并没有性命之忧，因为，早在济南战役打响前，他已躲到了乡下，直到 1953 年，才重新回到老东门，那时福源成早已关门歇业。

滕大爷家原是一个前店后宅式院落，分前后两进院落，正屋都是楼房。1992 年大明湖路拓街时，前院被拆除了，后院的青石小楼便显露在了街边。

东顺城街 14 号
百年老楼原为合兴斋酱园

福源成的西邻，过去是老字号合兴斋酱园。拆迁前的主体建筑是一座砖石结构的五开间二层小楼，楼顶保留着最初的青灰色小瓦，漂亮的木格窗棂保存完好。两个老字号院落虽然平行，但合兴斋的大门开在西侧，因此，门牌为东顺城街 14 号。

拆迁前，在此居住的女主人姓邢。据她讲，她的奶奶从 20 世纪 30 年代就居住在此，这座老房子应该有百十年的历史了。

合兴斋酱园这座小楼还有一个比较特别的地方，就是在一二层交接处的西立面多出来一小段屋檐。据邢女士讲，这个小屋檐是有讲究的，老人说是避邪用的，同时为了给正屋校正方向，保证财源滚滚，这种布局在过去的不少店铺都采用过，据说还真的很灵验。

2008 年 6 月，伴随着临街院墙的推倒，古香古色的合兴斋酱园完全展现在世人面前，这也是它在向济南做最后的道别。数日后，这栋青石到顶的百年小楼和它的东邻福源成点心铺的青石小楼一起被拆除。

盐商豪宅曾拍过《武松》

东顺城街 31 号是一处多进的大四合院，原是朱姓盐商的宅院。如此做工精美、布局讲究的院落在拆迁前的东顺城

2008 年 1 月，东顺城街 31 号后院中的北屋古韵十足。雍坚摄

街堪称第一。

1958年就搬来的老住户孙淑文女士回忆说，这里原来是五进院的宅子，由于"文革"后的改建，最后只剩下三进院落。

朱家大院的门楼坐西朝东，门楼两侧的门卡石上各刻有一朵栩栩如生的荷花，这样的雕刻仅在济南按察司街的一处宅院上能看到。进门后是做工讲究的座山照壁，由照壁前左拐，只见二门为一座精致的虎座门楼，镶有刻着"云蒸霞蔚"四个大字的木匾。虽然历经沧桑，但尚能依稀看出大院主人当年的意趣。

进入虎座门后是前院，住了好几户人家，院子里显得有些拥挤。但绕过前院，保存完好的后院却让人眼前为之一亮。置身于这个青砖黑柱、小瓦花脊的院子里，时光，恍然倒流到了百年之前。

2008年初，孙淑文女士介绍说，后院建筑古香古色，在这一带是出了名的。20世纪80年代初期，电视连续剧《武松》拍摄的时候，还特意将这里作为外景地，当时很多街坊邻居都闻讯赶来看"武松"。待《武松》热播后，街上很多人都多了一句口头禅——"我见过武松的扮演者祝延平"。

2008年1月，东顺城街31号门楼莲花腰枕。雍坚摄

2008 年 3 月，78 岁的李老太太走过北太平街 1 号。雍坚摄

北太平街 1 号
精致的二进四合院

北太平街是一条只有五六十米长的小巷。位于北首的 1 号院原是一处规整的二进四合院。老济南的典型门楼以"厚、精、雅、秀"为特点。厚，指厚重；精是门楼雕刻精美，不光有木雕、砖雕，更精彩的是石雕；雅是颜色为黑、白、灰，纯朴雅致；秀是指透风脊高翘，中间是灰瓦砌成的各种镂空图案。北太平街 1 号的门楼便是这样一座经典门楼。

"我住的地方马上就要拆了，但这个院子听说要留下来的。"2008 年春，住在 1 号院斜对面的李老太太说。遗憾的是，1 号院后来还是没有留下。

据了解，1 号院的原主人是做酱菜生意的，家境比较富裕，济南战役前夕去了台湾。20 世纪 90 年代，90 多岁的主人和后辈们还特地回来寻根，当看到院落依旧，自己亲手栽的香椿已经长成参天大树时，老人热泪盈眶，一边让后辈们用摄像机把这里的每个角落都拍摄下来，一边对女儿说，等他死后，一定要把他的一部分骨灰带回来，埋在祖宅的土地里。

2008 年 5 月 13 日，一位女子从前高祥后街 3 号门前走过。雍坚摄

2008 年 3 月，前高祥后街 3 号大门墀头上的图案和现在的"联通"标志相仿。雍坚摄

　　前高祥后街 3 号是一座坐北朝南的传统四合院，虽然只有二进，但院落很深，更特别的是它的北屋比整个院落多出一间房子的宽度，这在济南民居中也是很少见到的。

　　20 世纪 50 年代搬进来住的老街坊介绍说，这个院落在过去是一个道尹居住的地方。道尹是民国三年（1914）设立的官名，至民国十三年（1924）被废止。最初，袁世凯公布省、道、县官制，分一省为数道，全国共九十三道，改各省观察使为道尹，管理所辖各县行政事务，

176

隶属省长。由此看来，当年的道尹相当
于现在的地级市一把手，不过，其管辖
的范围要远远大于现在的地级市。

尽管前高祥后街3号外墙上保留着
大户人家特有的拴马石，但整个院落外
观朴实，没有特别的装饰和雕刻，像这
样的房子怎么会是道尹居住的呢？如果
不是老街坊记忆有误，那比较合理的解
释应该是，这处院落可能是过去属于某
个道尹所有，而不是其主要居室。在民
国初年，一个道尹级别的官僚在济南市
内拥有十套八套房产应该不足为怪。

在道尹身世尚未调查清楚之时，道
尹家的房子如今已变成了大明湖新区中
的湖面。最为"幸运"的应该是道尹家
外墙上的那块拴马石，在房子拆除前，
它已经被人给抠走了。如今，说不定正
摆在某个古董收藏者的博古架上。

前高祥后街4号
原拟保留的并列四合院

前高祥后街是老东门一带最早形成
的街巷之一，即清朝中期就有的"高墙
后街"。由于独特的地理位置，在此落
户的不少是官僚绅商，拆迁前尚有多处
院落能依稀反映出过去的大家风范。前
高祥后街4号便是这样一处大院。

4号院位于前高祥后街路南，后门
朝北，门外共十一级台阶。拾级而上，
只见这个大院分为东西并排两个院子，
是典型的并列四合院，这种形式在济南
非常少见。东院的北屋是典型的坐北朝

2007年10月，位于高台之上的前高祥后街4号门楼。
姜波摄

南的清代传统建筑，三开间，前出檐廊，廊柱间有漂亮的挂罩。房主说，新中国成立后，这座房子卖给了一户姓董的人家，再后来这房子就被他和一家姓李的人家买下了，每家一半。东院和西院的交线上的一间屋子就是两家的分界线。当年，正门开在院子南面，出门就是东门大街。

前高祥后街4号本是一处拟就地保留的民居。因为这个院子的独特规格，山东建筑大学副教授姜波曾专程带学生到这里详细测绘。根据拆迁前的街巷进深推测，这个院子最初可能是五进规模的并列四合院。

2007年10月，前高祥后街4号深深的出檐。
姜波摄

前高祥后街 59 号
青砖红柱的"关家楼"

前高祥后街59号位于前高祥后街西首路北，院东为通向后高祥后街的小巷。单从规模上看，59号院算不上深宅大院。与众不同的是，这个院子的正屋是一座古香古色的二层小楼，从南北历山街上都能看见这栋民居建筑。

59号院大门坐北朝南，正屋是一栋前出厦、带走廊的小楼。青砖红柱，拱券门窗，刻着中国结的腰板和廊柱上方的缠枝牡丹雀替，无不显示出古香古色的味道。沿着外楼梯直上二楼后，脚下的木质楼板发出吱吱嘎嘎的响声，仿佛是一个老人在讲述悠远的故事。不协调的是，小院中间添建了一座小厨房，这使得整个老院看上去比较拥挤，无论从哪个角度按动快门，镜头中都避不开杂乱。

片区拆迁前，住在59号院的关大爷是这里的老住户，这个院子当年是他祖父所建。他的祖父为律师，父亲毕业于北京大学法律系，曾在济南市中级人民法院任法官。因此，关大爷家的楼房又被称为"关家楼"。片区拆迁时，关家楼被暂时保留了下来，孤独地立在原地长达数月。后来不知道什么原因，有关部门又修改了方案，这栋特色小楼于是也变成了波澜不惊的湖面。

济南城记（修订版）

2008 年 6 月，暂时留守在拆迁现场的前高祥后街 59 号关家楼。雍坚摄

2007 年 10 月，后高祥后街 31 号正房南立面。姜波摄

后高祥后街 31 号
"牛县长"家的私宅

后高祥后街由于形成较晚，当年又面临东湖，有不少空闲地段，民国以后兴起的中西合璧式建筑也自然地融合到这里，最为典型的是后高祥后街 31 号，据说民国时期曾是历城县县长牛某的住宅。

这是一处典型的民国前期的民居，前后共两进院落，大门在南，只是前院已经拆建看不出原来的规模，但后院的正房还是相当的气派。正房三开间，锁皮厅的布局，门前有石柱的前廊，厅前面还设有用来放花用的花台，墙基也用方石砌成，整个建筑高大坚固，用料讲究，建造精细。

拆迁前，住在北屋的朱大娘一家已搬来 32 年了，她对牛县长的情况也知道得不多，据说，牛家后人仍在，曾住在 31 号的东屋和南屋，只是已早早搬走了。家住前高祥后街的 68 岁老人张志诚说，他家原来住在东湖边的白衣庵一带，与牛家大院离得很近，他还认识"牛县长"的儿子。牛家宅院的后门正对着小东湖，位置得天独厚，整个小东湖自然成了他们家的后花园。

2008 年 1 月，后高祥后街北立面。雍坚摄

2007 年 10 月。后高祥后街 31 号西立面有四扇窗。如此进深的平房在济南很罕见。姜波摄

2009年7月，苗家巷29—31号大宅门。雍坚摄

苗家巷 29 号—31 号
雕饰精美的晋商豪宅

苗家巷是大明湖南侧的一条老街，隔大明湖路与小东湖片区相望。清末至民国时期，以苗杏村、苗星垣为代表的桓台苗家在济南工商界崛起，先后在粮食收售、面粉制造和纺纱等领域获利丰厚。因桓台苗家在济南工商界中的显赫地位，坊间一度以讹传讹，认为"苗家巷为桓台苗家所建"。这种说法甚至被写进了很多书中。

其实，早在明末《历城县志》上已有对苗家巷的记载，而桓台苗家最早来济南创业却是清末之事，二者显然不符。

苗家巷最有名的豪宅是由苗家巷29号、31号、33号所组成的大宅门。这个大宅院位于苗家巷路北，高大的黑漆大门内，有刻着菊花图案的精美抱鼓石。进门后是一条宽大的青石更道，更道尽头是正对大门的素面影壁，做工简洁。更道左侧依次有苗家巷33号、31号和29号三个院落。

33号院改动较大。31号的门楼也因重修而外观简单。但令人称奇的是，该门楼正对的东墙上有做工繁复的砖雕影壁，外形为垂花门形状，这在21世纪初的整个济南城区中已是孤例。31号由两个院落相套，前院方方正正，最有特色的是，穿堂屋的门楼是座精雕细琢的木质垂花门，门内镶嵌着云纹缠绕的"勤俭"木匾。

29号的大门修得很讲究，院内四合院阔绰大气，小瓦花脊的正屋古香古色。住在大院内的居民说，整个大院以前规模还要大得多，是清代一个在济南开当铺的晋商盖的。据考证，这里正是当年的正立当铺旧址。《济南市金融志》上说，清光绪年间，济南一共有9家大型当铺，其中"资金最大，历史最久"的便是由晋商创办于清道光年间的正立当铺。1914年出版的《济南指南》一书，明确记载了它位于苗家巷。

苗家巷晋商大院可谓是见证济南典当业历史的知名商号建筑。可惜的，当人们尚未搞清其原始主人的身份时，苗家巷就贴出了动迁公告，规定拆迁时间为2009年5月14日至7月31日。此后，由于文物部门的干预，晋商大院的拆迁被暂缓了两个月，但最终在当年秋天还是被拆掉了。

2009年7月16日，开始搬迁的苗家巷29号正屋。雍坚摄

左图：2009 年 7 月，雕刻精致的苗家巷 31 号垂花门柱头。雍坚摄

右图：2009 年 7 月，苗家巷 31 号木雕垂花门。雍坚摄

2009 年 7 月，苗家巷 31 号门楼外的砖雕影壁精美绝伦。雍坚摄

余之音

一次完全彻底的改造

以南北历山街为界，2006 年至 2009 年，相继展开的大明湖风景名胜区扩建一期工程和二期工程又可分为两个片区：大明湖片区和小东湖片区。

其间，从相关媒体报道可知，整个大明湖风景名胜区扩建工程原拟保留 22 处特色民居。其中，大明湖片区 19 处，小东湖片区 3 处。小东湖片区原拟就地保留的三处特色民居为前高祥后街 2 号、4 号、59 号。不知何故，这三座民居在大明湖新景区建设过程中却又被拆除了。

小东湖片区，堪称是一次完全彻底的改造。或者，在设计者的眼中，这些民居建筑很难与水榭亭台融为一体，索性推倒重来。而我依然固执地认为，那些复制性很强的现代设计，远不足一栋原汁原味的民居院落能带给人家的亲切感和历史的余韵。

2009 年 7 月 16 日，当原南北历山街南首新建的众泉汇流牌坊正在刻字的时候，与其一路之隔的苗家巷 29 号居民开始搬家。由苗家巷 29 号、31 号、33 号所组成的晋商大院是济南古城区最具特色的清末民居之一，曾是清末济南九大当铺中资金最大、创办最早的正立当铺，其砖雕影壁、木雕垂花门在济南民居中都是孤例。让这样一座真古董留在大明湖新景区附近，肯定能更加充分地体现明府城的历史风貌。

2009 年 10 月 24 日，笔者在中山公园见到有人在卖两件来自苗家巷的雕花柱础。一切都明白了，精美绝伦的晋商大院也拆了！

2009 年 12 月 4 日，苗家巷拆迁接近尾声，仅存一座待拆的青砖楼。雍坚摄

2008 年 1 月 13 日，雪中，紧挨南北历山街的一栋小瓦花脊民居被拆除。雍坚摄

普利街，
过去盛产老字号

◈ 街区地标：普利街

◈ 街区特质：老字号民居

◈ 拆迁时间：2009 年

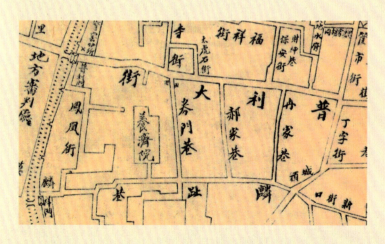

1924 年《济南街巷图》中的普利大街一带

1928 年五三惨案前的普利门

再回首

由普利街、共青团路和顺河高架桥所围成的普利门片区，2008 年被列入济南旧城改造拆迁冻结范围，2009 年春开始渐次拆迁。

普利街原名柴家巷

拆迁前的普利街，在 1906 年之前，还是济南西关一条不起眼的小巷，名叫"柴家巷"。在明崇祯六年（1633）、十三年（1640）刻印的《历乘》和《历城县志》，都有这条街的记载。

柴家巷南侧，有 4 条大致平行的南北向小巷：西凤凰街、西券门巷、郝家巷、冉家巷。

西凤凰街是普利街西首路南的一条老街。清乾隆三十六年（1771）成书的《历城县志》首次出现这条小街的名字，时称"凤凰街"。民国时期，为了同南关凤凰街相区别，改称"西凤凰街"。由于机动车很少光顾，拆迁前，这条与人民商场隔河相望的老街寂静而略显冷清。

西券门巷位于西凤凰街东侧。有史可查的资料显示，至少在清代中期这条小巷已经存在了。清乾隆三十六年（1771）《历城县志》称之为"悬门巷"，因街内端阁楼门为悬门而得名。清末，改称券门巷；民国时期，为与南关券门巷相区别，改为西券门街；新中国成立后，称西券门巷。

郝家巷位于西券门巷东面，是连接普利街和共青团路的一条小巷，长不足百米。据记载，郝家巷形成于明代，因崇祯年间的举人郝焜在此建宅而得名。

冉家巷位于郝家巷东面，早在崇祯十三年（1640）《历城县志》中已有记载。

众商号普遍获利之街

1906年，开埠不久的济南为了畅通老城与商埠的通道，在柴家巷西侧的圩子墙上新开辟普利门，自此，柴家巷成为沟通济南老城和商埠的干道。杂货、棉布、药店、银号等商号纷至沓来，在街两侧设立门头。济南近现代史上的不少老字号都在这条街上留下了它们辉煌的创业足迹。

大约在民国初年，位于普利门里、让众商家普遍获利的柴家巷改称普利大街（新中国成立后称普利街）。20世纪30年代，普利街的商号、作坊非常繁荣。如廖隆昌瓷器店、赞育堂药店、老茂生糖果店、大生东杂货庄、鸿祥永布庄、普华鞋店、草包包子铺、裕兴颜料公司……这些店铺的生意当年都红红火火，有的还将分号开到北京、天津。

2008年，普利街还在营业的原生老字号，只有寥寥几家。靠近东街口，草包包子铺前进出的客人仍旧不少，生意红火。由草包包子铺西行不远，路南原来有家普华鞋店，几年前还在营业，2008年，该店已经搬到了路北，原来的店门已上锁，透过铁栅，门上的"百年老字号"贴字黯淡无光。

"普利街的人气不行了。"附近闲坐的老人说，虽然仍有很多店铺，但大多是新店，生意一般。

2009年7月，普利街西首路北的老房子。雍坚摄

2007 年 10 月，普利街东首路北的石头楼。蒋一民摄

老房子

拆迁前，一些老字号店铺建筑还较为完整地保存在原地。走在这条街上，不经意间就会发现一些青砖灰瓦的旧式建筑及门楣上依旧清晰的匾额，似乎在诉说着曾经的繁华。而那些隐居在郝家巷、冉家巷中的老院子，其原始主人往往是当年在街上有买卖的大老板。

普利街 50 号
临街楼曾是日本诊所

在郝家巷北头路西，原有座体量颇大的二层楼房沿普利街一字排开，从正面看为九开间，从郝家巷一侧看，东立面则有 5 个窗户。这是一座外观简约的建筑，灰黄色的前楼面有大块的方格装饰结构，与周围建筑迥然不同。

由于这栋临街门头房前脸上挂着"宏济堂"的牌匾，很多人都误以为它的原始身份也是宏济堂。而在山东宏济堂医药有限公司任宣教部长的亓咏先生给出的答案却不是这样——"20 世纪 90 年代初，我就在对面楼上办公，在四楼看见这栋建筑的一楼和二楼中间有一行字，我认不全，但大致意思是，20 世纪三四十年代，一名日本医学博士在此开诊所。"

亓咏所说的字，已经被宏济堂的大招牌盖住。拆迁前，从宏济堂西侧的门口走进去，只见这栋临街楼里面还有一个院落，而主体建筑实际上大致呈"凹"字形结构。

2009 年 7 月，普利街 50 号。雍坚摄

普利街 56 号
古典小楼曾是赞育堂药店

普利街的临街建筑之中，中段路南56 号的一栋三开间二层小楼较为惹眼，这就是当年的老字号中药店赞育堂的建筑：顶覆小瓦，青砖墙体，二楼上木栏杆、木窗棂仍然完好。只不过，原本小楼一层的临街门头房经封堵后变成了居室。紧贴小楼西墙根有座小巧的旧式门楼。从街外看，整个建筑虽十分古旧，但仍不失精致气韵。

由门楼走进去，可以看到，院中的部分建筑已改造，后建的房屋让院内拥堵不堪，但仍能感觉到前店后坊式的建筑格局。院内还有一座二层小楼，"这是后来改建的，本来是平顶的，因为要在上面晒药。"2008 年，86 岁的老街坊孙怀治回忆道。

"赞育堂在济南有两家店面，我听说先是在南门外的岳庙后街开的第一家店，后来又在这普利街上开了第二家店面。"孙怀治在普利街上生活了70 多年，能记起赞育堂典故的人除了他已很难找到别人。

孙怀治依然清晰地记得赞育堂自制的"膏丹丸散"，深受市民的好评。

"1956 年公私合营，前店归了药材供应站，后厂给了济南中药厂，再后来，整个院子都成了中药厂的宿舍。"2008年，孙怀治就住在赞育堂对面的民居中。

据1984 年《济南卫生志资料》（第

2009 年 7 月，一位女子从赞育堂药店前穿过普利街。雍坚摄

二辑）记载，赞育堂由济南人梁式禄、梁效忠各出京钱两千吊于清光绪二年（1876）开办。店址在岳庙后街35 号。1919 年在普利街80 号又投资43 万元开设了赞育堂西记，经理为胡冠一。

2008 年 6 月，普利街 58 号大东生杂货庄。雍坚摄

普利街 58 号

前店后宅式的大生东杂货庄

普利街 58 号为赞育堂西邻，是一处低矮的穿堂屋。站在街上看，毫无特别之处，但走进去却别有洞天。这是一个前店后宅式的三进大院，拆迁前住着 20 多户人家。当年，这个大院就是普利街上有名的大生东杂货庄所在地。

58 号前院南屋厦下带回廊，东西厢房均为前出厦平房，青砖红柱，小瓦花古香古色。从前院正屋穿堂而过，又是一个四合院。"中院后面还有一个四合院，只不过封住了，得走边上。"住户高女士说。

由于中间添盖了很多小房，这个大杂院的天井变成了窄窄的过道，各种杂物堆在院子里，显得有些破败。"看着挺破，但房子很好，冬暖夏凉，大热天也不用开空调。"高女士笑着说。

据《济南日用工业品商业志》、《泉城忆旧》等书记载，1904 年济南开埠后，府城内商业中心渐向西关转移，除杂货、鞋帽等五大行外，日用碎货、广货、笔墨等业也相当兴盛。创办于 20 世纪 20 年代的普利街大生东杂货庄，主营纸张、糖和海味，由于其经营的海参、鲍鱼质优价廉，旧时和各大饭店都有直接联系。

西凤凰街 24 号
老字号鸿祥永的内宅

由西凤凰街北首路东的一条支巷走进去，有一处古香古色的传统四合院，门牌为西凤凰街 24 号。只见正房廊柱下挂罩保存完好，雀替和云头雕饰精美。

2008 年，67 岁的马文澄先生和妻子住在正房中。他回忆道，这个院子是老字号鸿祥永的内宅，鸿祥永是他的曾祖父创办的。他们家祖籍章丘文祖，在祖父辈的时候分为五支。鸿祥永搞棉布批发，普利街和西凤凰街交界口的很多院子当年都是鸿祥永的，在城内临湖街还有两个套院。

马文澄家东面还有一个大四合院，该院东、北两面为走廊相通的楼房，西、南两面为平房。"这个院子以前就是鸿祥永的。"马文澄说。

由西凤凰街 24 号绕到普利街西首，路南的普利街 90 号即是鸿祥永布店旧址。从一个七开间的二层灰砖楼的拱券门洞穿过，里面是一个楼房围成的四合院，南楼也是七开间二层小楼，东厢楼门额上还镶嵌着三个苍劲有力的大字"鸿祥永"。

2008 年，鸿祥永老东家的第四代孙马先生住在南楼的二层。他说，鸿祥永于 1912 年开设，当年马家在济南开店，共有三个字号，除了鸿祥永，还有鸿吉永和鸿茂永，生意非常兴隆。马先生说，由于生意做得大，马家人丁很是兴旺，到他这一代，有的同辈兄弟间都互相不认识。

2008 年 6 月，西凤凰街 24 号依然住着鸿祥永的后人。雍坚摄

2008 年 6 月，老字号鸿祥永东厢楼。雍坚摄

2008 年 6 月，淑德里墀头砖雕。雍坚摄

西凤凰街 72 号
高门大宅"淑德里"

西凤凰街南首，一座朝西的拱券门楼巍然而立，券顶上有一块石匾额，上刻隶书"淑德里"三字。

淑德里是个典型的里弄建筑。由大门进去，只见门楼南面建有偏房，再往里走，就到了院内。老街坊说，在门楼和四合院之间，原先有一道二门，在一侧墙体上还能看出二门墀头上的砖雕喜鹊栩栩如生。

穿过"二道门"走进四合院，三面的房子都是灰砖小瓦，南侧屋檐下的各种装饰虽然已经陈旧，但是仍能看出当年的精雕细琢。除了被拆的二道门，整个四合院保存得都比较完整。在院东北角，还建有一处灰砖小瓦的阁楼，上有精致的六角窗。

"这个宅子是清朝建的，原先门口有上马石。"2008 年，住在淑德里对面的孔维刚年近花甲，他说，这个宅子最早的主人名叫柴冠军，清朝时候是做生意的，兴盛时于此置地，雇能工巧匠建了这座大宅院。因此，这里又称柴家公馆。

根据孔维刚的回忆，柴家后来家道败落，民国时期，这个宅院又被国民党地方政府使用过，新中国成立后，才变成了多户人家居住的大杂院。

197

2009年7月，西凤凰街72号淑德里。雍坚摄

2008 年 7 月，凤凰公馆后院。王晓明摄

西凤凰街 40 号
凤凰公馆曾是日特机构

由西凤凰街 72 号往北走不多远，路东有一条深深的支巷，支巷东首路北，有一个门牌号为西凤凰街 40 号的大院。站在门口，依稀能看到院子里面有一座高大的灰黄色主屋。老街坊谢先生介绍说，这个老院子原来是马家公馆，20 世纪 40 年代卖给了胡家，日本鬼子在这里设置特务机构后改名为凤凰公馆。

从外观上看，凤凰公馆为前后两进大院，前院正屋石头起基，顶覆红瓦，长约 20 米，宽 10 多米，在体量上要比一般民居正房大出一倍。前后院正屋均出厦带回廊，廊下挂罩没有雕饰，但廊柱粗大结实。

"听老辈人讲，当年里面住着搞情报的日本人，里面还有牢房和刑讯设备，关押过不少人。"巷内居民夏先生世居此地，其妻张女士说，凤凰公馆是因西凤凰街而得名。新中国成立后，凤凰公馆曾经当过看守所，后来看守所搬走了，就成了单位宿舍。

据《济南日特机关罪行录》一书记载，1944 年夏天，济南日军宪兵分队成立了一个特务工作队，队址在普利门里的凤凰街。该特务机构全力参与了所谓"经济大检举"的罪恶活动和反共活动，全市有 50 余家工商企业的负责人被逮捕并带到凤凰公馆审讯，济南市民称之为"阎王殿"。

199

2009 年 11 月 28 日，编号待拆的凤凰公馆。雍坚摄

西券门巷 12 号、14 号
棉布业老字号"义兴公"

西券门巷南段路东，临街有一座规模颇大的十开间二层楼房，西式风格明显。该楼房为砖石混筑，门窗四周的包边青石与清水红砖墙和谐映衬，墙的转角处隔石处理做法标准又工整。这就是百年老店义兴公旧址，解放前以经营棉布、棉纱闻名一时。

这座临街楼有两个门，分别通向南北两个院落，门牌号分别是西券门巷 12 号和 14 号。在南侧西券门巷 14 号院的门洞上方，还残留着石刻堂号牌匾——"义兴公"，"义"字还算清晰，"兴公"二字只有一抹隐约的痕迹。2008 年，这两个院落住的多是医药站和药材站的职工，74 岁的何志涛算是其中年龄最大的了，在此居住了 20 多年。

何大爷听单位的老领导讲过，义兴公在解放前是个大字号，主要经营棉花、棉布、面纱的批发。"一边买一边卖，买进和卖出不在一个地方谈。这边和卖家谈好了，直接把货转移到买家手里，这

2009 年 7 月，拆迁逼近老字号义兴公。雍坚摄

一倒手可就赚大发了，货都不用往仓库里拉。"何大爷说。解放前，十二马路是个大市场，外地来省城卖棉花的大马车多汇集在这里。为了保持市场垄断，义兴公每天都会派人盯在那里，看到有人来卖棉花，就大包大揽地全都买下，然后再提高价格卖给别人，资本就这样越滚越大。

据《济南工商史料（第二辑）》记载，晚清时期，济南著名的棉布业字号有章丘的瑞蚨祥、隆祥、瑞林祥、谦祥益和长山（今属邹平）的义兴公、直隶沙河的豫太亨、恒祥兴等。一战期间和一战之后，日货充斥市场，有资本从上海进

货的，仅瑞蚨祥、隆祥、恒祥兴、义兴公等几家。民国时期，济南棉布业形成两个帮派，章丘派和长山派，义兴公为长山派的代表企业。

2009 年 11 月，义兴公被拆除时，悬在门洞上方的石匾露出了真面目，原来旁边还有落款，题写者为清末民初著名书法家王垿。经《生活日报》率先报道后，该石匾的去留广受关注。义兴公的后人也打来电话，希望政府有关部门能妥善收藏老石匾，并介绍说，义兴公过去是以经营丝绸为主业的。遗憾的是，那块石匾却在一夜间丢失，此后不知下落……

西券门巷6号、8号
后院"藏"着一栋绣楼

由义兴公往北走不多远，西券门巷路东原有一组青石起基、青砖灰瓦的传统民居建筑，门牌为6号、8号。从现存建筑格局推测，这组建筑的原始规模应该很大，6号、8号的院门仅仅是这组建筑在西墙上开辟的旁门，其正门可能在西券门巷北首路东或开在普利街上。

由6号院的小门进去，只见这个四合院方方正正，作为正房的南屋为五开间，顶覆整齐的小瓦，透风脊上的尾角高翘，回廊立柱间的挂罩保存完好。

住在这座正房里的是钟女士一家，房子是租的房管局的公房。

"这些都是宝贝啊，你看看墙面的石头，上哪里去找这么厚这么规整的石板去？又防潮又整齐！再看看门上头这些雕花，现在也不好找了吧。"2008年，钟女士感叹道。

从正房的结构看，它原来是座穿堂屋，有后门通向南面的8号院。

8号院的主要建筑是一座两开间二层小楼，它与6号院的南屋相距只有2米多，院门就开在两座建筑间的石墙上。2008年7月，8号院已经没人住了。曾在这里住过20多年的老住户于大爷时年已经90岁了，耳朵有点背。老人的孙子介绍说，这栋楼应该是原来一个大院子的最后一进，是小姐住的绣楼，解放后有一段时间改成了中东旅社，后来才成了民居。

2008年6月，西券门巷6号、8号是临街最显眼的老房子。雍坚摄

2008年7月，西券门巷6号的正房依然是小瓦花脊。王晓明摄

2008年7月，西券门巷8号院西屋与北楼。雍坚摄

西券门巷 3 号、5 号
深宅大院原来姓"王"

在西券门巷路西，还有几处颇为讲究的传统门楼。

西券门巷 5 号便是其中一座典型的宅院，门楼顶子虽然已经换成红瓦，但磨砖对缝的墙体和精雕细琢的墀头透露出其原始身份的不同寻常。进门后正前方是一条长长的通道，右侧是一道已经封死的二门，原来可通往 5 号院北侧的 3 号院。沿着通道走到头右拐，映入眼帘的是 5 号院的内宅。目前尚存西屋和北楼各一座，其余地方则翻盖成了简易平房。西屋为五开间，小瓦花脊，前出厦带走廊，"卍"字形窗格保存完好，廊柱花牙子雀替和云头雕琢精细。从原始格局推断，西屋应该是后宅的正房，建得最早。北楼则是在原来北厢房的基础上翻盖而成，它为两层三开间，青砖红瓦，方形门窗，外观简洁古朴，楼梯将西屋遮住了 1/3，显得有点不协调。

西券门巷 3 号是一个天井狭小的四合院，基本保持着原始格局。2008 年，住在此院的一位七旬老人说，3 号、5 号过去都是王家的宅子，王家是街上的大户。新中国成立后，5 号院的西屋还一直由王家后人居住，前些年才卖给了别人。

2008 年 7 月，西券门巷 5 号院西屋廊柱上的花牙子雀替。雍坚摄

2008 年 7 月，西券门巷 5 号西屋廊柱上的透雕云头。雍坚摄

郝家巷 8 号、
共青团路 101 号

"福盛永"杂货庄曾把生意开到青岛

郝家巷中段路东，临街有一栋二层青砖小楼，门牌为郝家巷 8 号，里面住了十多户居民，这里就是老字号"福盛永"杂货庄的旧址。走进 8 号的门洞，是一个楼房、平房组合而成的四合院。穿过东楼下的通道，可进入"福盛永"的内宅，里面翻盖和添建了不少建筑，大体能看出分布着一北一南两个院落。南院尚有一座三开间青砖小楼保存完整，疏朗大方的拱券门窗显示出，这是一座民国时期的楼房民居。有意思的

是，南院还开有南门，出门就是共青团路，门牌号为共青团路 101 号。

2008 年，住在这个小楼的王老太太已经 80 岁了，她回忆说，"福盛永"杂货庄由孙福堂创办，而她，正是孙福堂的儿媳。解放前，"福盛永"是一个很大的宅院，小楼南边还有一个院落，后来在共青团路拓路时被拆掉了。

"以前这房子都是四梁八柱的，前出厦，后来都改了。"老人的儿子孙先生说。据记载，1934 年，章丘人孙福堂创建了"福"字连号"福盛永"杂货庄，生意做得很大，不仅成为西关附近有名的杂货庄，还把商号一直做到了济南商埠的十二马路和青岛，创办了"福庆德""福合成（音）"等"福"字分号，

2008 年 7 月，郝家巷 8 号福盛永杂货庄内宅砖楼。王晓明摄

206

2008 年 7 月，郝家巷 19 号正房。雍坚摄

魏家庄的"公兴义"杂货庄，大股东也是孙福堂。

住在普利街的孙怀治是孙福堂的亲侄子，从1938年开始跟着孙掌柜学生意。据他介绍，孙福堂老家在章丘龙山，是他的五叔。最初，孙福堂在剪子巷口的"和祥成"当伙计。1934 年，他在麟趾巷开办了福盛永杂货庄，一溜五间青砖平房，后来才搬到了郝家巷。

"那时候我才十多岁，听说是 3000 现大洋开的铺子，主营海鲜、纸张、砂糖等杂货。"孙怀治回忆说，当时店里的伙计有二十多人。

"那个时候我们是年底才发薪水，平时用钱就在柜上支，你要是说买新衣服花钱了，他就一脸不高兴；你要是在老家置了几亩地、买了两头牛，不管要多少钱他都欢喜地支给你。"孙怀治说。那个时候伙计们的收入并不低，就拿孙怀治来说，赚得最多的一年，他的工钱折合起来能买 30 桶煤油。"都是 53 加仑的大桶，这么高！"老人比画着说。

郝家巷 19 号
"庆聚昌"银号就开在这里

郝家巷南口路西，透过大门可以看见一栋坐西朝东的老房子，花棂门窗。这里就是银号"庆聚昌"的旧址。

2008 年，从北屋走出来的住户刘先生说，这座宅子是 1938 年由他的父亲买下并翻盖的，现在能看到的样子都出自父亲的设计。"我父亲原来就是学建筑

2008 年 7 月，郝家巷 19 号剁口石房檐。雍坚摄

2008 年 7 月，郝家巷 19 号凤鸟云头。雍坚摄

的，1938 年买了房子，用了半年的时间把院子从头到尾改造了一番，花费了很多心血，比原来好多了。"刘先生说。

值得一提的是，作为正房的西屋为前出厦样式，厦下的走廊的挂罩保存完好，廊柱上的雀替、云头雕刻精细，处处都能看出当初主人耗费的心血。

"这座宅子最特别的地方其实是南北两座厢房的屋檐，你仔细看看，都是用的带有坡面的剁口石。济南市考古研究所的人专门来看过，这种屋檐在济南市恐怕绝无仅有。"刘先生说，他祖父从晚清就开始涉足银号，除了"庆聚昌"，还有"庆泰昌"等分号，银号是跟另外几家合办的，按股分成，在济南相当有名。

"以前那些银号可不像现在的银行，柜台都摆在外面，我们这个里院也全是柜台，主要经营汇票、汇兑等业务。"

余之音

只登记而不保护的老房子

虽然上面描述了十多处老房子，可在普利街片区，类似这样有身份、有故事的老房子还有更多。2004年至2009年，笔者去普利街片区走访拍照的次数累计有十多次，可对于这个片区的老房子，依然不敢说"了如指掌"。

拆迁前，没有从老街坊那里采访到"口述历史"的老房子，笔者只好对它们进行了略写。如：普利街和冉家巷交界口的四合楼建筑为永世扬银号旧址；郝家巷4号是一处颇有特色的清末民居，虎座门的走马板上有精致的暗八仙浮雕；普利街68号为商人张宏升（音）住宅，内有青石到顶的二层西楼一座。楼体嵌有民国十九年（1930）地基界碑两块，记载了张家至诚堂与李家茂盛堂为约定楼檐滴水地基归属问题而刻石为证之事；普利街91号为民国药店庆仁堂的私宅，门匾上有楷书"庆仁堂"三字；普利街86号原为昌祥裕绸缎庄；普利街20号，原为西关马家宅院……

2009年，普利街片区的拆迁终于进入了"现在进行时"。此前，该片区中有14处老房子被市中区文化部门列为登记保护的不可移动文物。令人费解的是，纵然有"登记保护"这道护身符，它们并未逃脱被拆的命运。当

2008年7月，普利街68号院内的九开间石楼。王晓明摄

普利街，过去盛产老字号

209

2003 年 1 月，冉家巷北首的永兴扬银号旧址。雍坚摄

2008年7月，普利街91号庆仁堂门楼。雍坚摄

年7月中旬，笔者在此片区拍照时，赫然发现被登记保护的郝家巷4号已被拆成一堆瓦砾。7月22日，笔者和同事郭学军合写的《虽然有"登记保护"的护身符，普利街片区14处老建筑仍面临消失》见报，首次披露了普利街片区面临的文物保护之厄。

该文虽然一度引起有关部门的重视，但那些被"登记保护"的老房子最终的命运却是"取消登记保护"，然后"合法"拆除。唯一算是幸运儿的

2009年秋，笔者在中山公园15元淘来普利街缠枝牡丹雀替。雍坚摄

是西凤凰街40号，当年底至次年初，山东建筑大学开始对其前院正屋进行编号拆除，后搬至校园内复建……

211

2009年11月，西券门巷义兴公旧址被拆除后，只剩下石匾悬在门洞上。雍坚摄

名人扎堆的
南新街上新街

◈ 街区地标：南新街上新街

◈ 街区特质：名人故居

◈ 拆迁时间：2008年（局部）

1924年《济南街巷图》上的南新街上新街一带

再 回 首

在济南圩子墙与府城城墙之间，位于西南关一带的南新街、上新街一带是开发最晚的区域。伴随着 1904 年济南的开埠，这里则一跃成为社会名流、高官政要扎堆的高档居民区。

地图上的街巷变迁

在 1902 年《省城街巷全图》中，这个区域大致还是个空白区，仅能找到很短的一条"半边店"（今上新街北段）。由此空白区往北，永长街东侧有条南北街当时叫"新街"。伴随着 1904 年济南的开埠，广智院、共和医院、山东工艺局先后在这个"空白区"周边建成，清末民初，空白区内则逐渐形成数条街巷。

在 1914 年《济南城厢图》上，新街片区内街巷格局已大致形成，并标注有"南新街"、"西新街"。此图上，南新街南面的圩子墙尚未标注"新建门"，故"南新街"之名源自新建门之说恐不成立。

在 1926 年《续修历城县志》所附地图上，新片区内街巷名被进一步细化，有南新街，中新街，西新一街、二街、三街，东新一、二、三街、上新街等数条街巷。上新街据说因为该街自北向南，一溜儿上坡，所以得名。该街当时很短，只指代今上新街的南段，北段则标为"半边店街"。20 世纪 40 年代并入上新街。

或许是分得太细令外人眼花缭乱，

1929 年，除上新街外，中新，西新、东新、南新等数条街巷统称为"南新街"，此后的南新街，变成一个"一干三岔"街，从街北口到街中间为"一干"，再往南则是"三岔"——东中西三条胡同。这三条胡同南抵南圩子墙（今文化西路），其中东胡同南口即是南圩子墙上的"新建门"，门外正对的是齐鲁大学（今山东大学趵突泉校区）北门。同期，原永长街东侧的新街改称"旧新街"。

百年间的名人足迹

或许是偏居济南西南关一隅的地理区位，也或许是齐鲁大学、共和医院、广智院、济南道院等促成社会人文氛围，南新街、上新街一带一直是名人扎堆的地方，名人中，有清朝遗老，也有民国新贵，有社会名流，也有文人墨客……

老舍先生在齐鲁大学教学期间，住的时间最长的一处居所就位于南新街，而他的邻居，是有"甲骨文研究西方第一人"之誉的明义士。

济南老一辈著名画家中有"关、黑、弭、岳"四家之说。关是关友声、黑是黑伯龙、弭是弭菊田、岳是岳祥书。四人中，黑伯龙和关友声都曾在南新街久居。

一代京剧大师方荣翔是济南的骄傲。从 20 世纪 50 年代末到 80 年代初，方荣翔一家几次搬家，都没有离开南新街和上新街。"你知道《奇袭白虎团》里扮演'王团长'的那个方荣翔吗？他就住在我们街上。"当年，这是老街坊们常

名人扎堆的南新街上新街

1934年老舍在南新街54号院的全家福。资料片

挂在嘴边的一句话。

民国时期曾任山东高等审判厅长的张志，曾任两湖巡阅使的王占元，日伪时期曾任济南市市长的朱桂山，济南道院的创立人之一刘福缘等昔日达官显贵都在上新街、南新街一带置有豪宅。

由于这里大户人家多，20世纪30年代，中共山东地下省委的临时所在地曾设在上新街。1936年夏天，刚刚担任中共山东省委书记、北方局代表的黎玉曾住在上新街甲3号（今上新街80号东院）。已故红色书法家武中奇当年便是在这里结识了黎玉，进而走上革命道路……

有意思的是，新中国成立后，曾在山东担任省领导的舒同、晁哲甫、李予昂、谭启龙、栗再温等数人也曾住在南新街……

老 房 子

历经变迁，南新街、上新街一带的老房子虽然很多已今非昨貌，但沉淀在这些老宅院间的故事却仍在流传，随便找个上年纪的居民，都能给你讲出一段名人轶事。

南新街58号
老舍一家在此住了三年多

南新街58号（旧门牌54号）是老舍先生在济南住得最长的一处居所。从1930年夏天来齐鲁大学任教算起，老舍先后在济南住过四年半时间，而在南新街58号租住的时间则长达3年多。

1931年夏，新婚后的老舍与胡絜青夫妻二人双双回到济南，在南新街租了一个带水井的草房小院定居下来，一直到1934年初秋赴青岛教学前，老舍新婚后的三年都在此度过，他的大女儿舒济便出生在这个小院。在南新街生活期间，是老舍的一生中创作的黄金时期，据统计，1932年至1934年三年，老舍连续有《猫城记》《离婚》和《牛天赐传》三部长篇小说问世。

虽然2007年初老舍旧居被升格为省级重点文物保护单位，可由于街南段的拆迁改造，老舍当年步行去齐大上课的中胡同已被阻断，人们只有从南新街北口南行或绕行上新街才能抵达南新街58号跟前。这个小院的旧式门楼换成了黑漆铁门，昔日的草屋换成了瓦房顶，所

幸院落格局没变，老舍当年用来浇花泡茶的泉井依然如故。

南新街周围有国货商场、趵突泉、山水沟大集，浓郁的市井文化氛围也成为他创作的源泉。当时开国术馆的济南知名回民拳师马子元先生家住上新街，1933年夏至1934年秋，老舍曾跟着马子元学过近一年的武术，"一年刀二年棍，一辈子的枪"，老舍后来发表的名作《断魂枪》，就是这么得来的。

"无论什么时候我从那里过，总有人笑脸地招呼我；无论我到何处去，那里总有人惦记着我……济南就成了我的第二故乡。" 老舍在《吊济南》一文中深情地写道。

2004年7月，南新街58号老舍故居。赵丽萍摄

明义士青年照。资料片

南新街 56 号
住过甲骨学大师明义士

在老舍旧居北邻的南新街 52 号（新门牌为 56 号）有个花园洋房，这里曾是大名鼎鼎的加拿大学者明义士（汉名）的住所。

明义士为老舍在齐鲁大学国学研究所的同事。当时二人同在齐大文学院教学。明义士专攻中国甲骨文，有"甲骨学西方第一人"之称。直到 20 世纪 80 年代，56 号大院内"花园洋房"仍在。山东大学张明先生曾在 56 号生活了几十年。据他介绍，小洋楼是 1985 年拆除的。原来院外有汽车房、院内有门房（传达室）、前院为大花园，左右两条大青方砖铺就的甬道，绕过花园通向后院深处小洋楼。小楼为上下两层，各有一门供人出入，前出廊后出厦，楼上楼下三面都有阳台。昔日花园篱笆上爬满蔷薇，小洋楼前有养鱼池，四周花木扶疏，庭院内绿树参天。

已故文史专家张昆河先生为齐大文学院国文系 1933 级毕业生，曾跟着明义士学过三年考古学和甲骨文研究。课余时间，张昆河等人常到明义士家中请教。他们发现，明氏书房的书架上除了铭器、古籍、外文洋装书，还有一本老舍亲笔题赠的长篇小说《离婚》，恭而敬之地摆在显眼处。有时明义士不在家，明义士夫人安妮便出面招待大家，有时她还会用她那口"河南腔"汉语，与前来的学生开玩笑："你们是不是把外国人都叫洋鬼子？可不要把明义士和我也叫洋鬼子啊！"

20 世纪 80 年代南新街 56 号原明义士故居小洋楼。张明供图

青年黑伯龙。资料片

南新街 67 号
黑伯龙先生住过大半生

由文化西路拐下来，在南新街西胡同路西的梧桐树下，有座不起眼的红门青砖小院，门牌为南新街 67 号（老门牌为 71 号），这里便是著名画家黑伯龙先生大半生的居所。

2008 年冬，黑伯龙的弟弟、已经 92 高龄的黑太吉（黑伯龙名元吉）先生仍住在小院中。老人介绍说，他的父亲当年是山东盐务管理局科长，黑家原住商埠经二路，70 多年前搬到南新街现在的院子，他和哥哥黑伯龙两家同住一宅，在此住了大半生。此院原主人是顾家，现已移居国外。现在的院子基本是 70 年前的模样，"不过那时门口有大门楼，进来以后有影壁墙、分前后院"。

据此推断，当年黑家迁居到南新街的时候，正是黑伯龙先生从上海美术专科学校毕业后回到济南，在济南正谊中学任教之初。那时，年仅 20 多岁的黑伯龙刚开始从事艺术创作，在洋房豪宅扎堆的南新街，黑家还算不上名门大户。

黑伯龙在济南之所以家喻户晓，不仅仅在于他是位大画家，还因为他是远近闻名的"虫家"（赏玩蟋蟀的行家），喜欢在大小盆罐里蟋虫的鸣叫声写字作画。当年，每至秋初，他都要携一卷书画怀揣两只行缸，往来于诸虫友家中，四处寻访搜求好虫。因此，很多虫友家中都藏有黑先生的字画。

黑家与老舍也曾有密切交往。据黑太吉讲，1937 年，他在中央储蓄会济南分会（位于经二路纬三路）任练习生，与老舍的同学金跃先是同事，和老舍也很熟悉。1937 年 11 月 15 日晚，老舍告别济南奔赴国难时，是他和金跃先、孙锡光三人把老舍送上的火车。"当时车上人很多，从车门根本挤不上去，我们三个人就一起把他托起来，从窗子外塞进去的"。

2008 年，南新街 67 号黑伯龙故居。雍坚摄

2008 年，黑伯龙之弟 92 岁的黑太吉先生在南新街
故居小院中。李耀曦供图

张志早年照片。李耀曦供图

南新街 63 号
民国名法官张志的家宅

南新街 63 号（老门牌）"张家大院"是"民国成立后山东法官第一人"张志的故居。张家公馆主建筑拆迁前为七开间二层楼房一座，中西合璧风格，山墙上有红砖、青砖组合而成的漂亮气窗。

张志是济南文史专家李耀曦先生岳父的伯父，据李先生介绍，张志（1880—1925），字易吾，四川自贡人士。早年留学日本学习法律，为同盟会会员，其间编著《刑法总则》《刑法原论》等书，成为近代中国最早的刑法文本。1910 年，山东巡抚袁树勋仰慕张志的才学，聘他到山东工作，对内是山东巡抚的法律顾问，对外担任山东政法专门学校及高等师范学堂教习。

1911 年辛亥武昌起义，张志在教育界鼓吹革命救国，与夏溥斋、丁佛言、徐镜心、丁惟汾等同盟会会员一起，促成山东反清"独立"。1913 年，山东都督周自齐呈请北洋政府司法部，任命张志为山东高等检察厅厅长，后调任安徽高等审判厅厅长，1920 年他又调回山东，出任山东高等审判厅厅长，以其详慎听讼、遵守审限、体恤民艰，被民间尊之为"慈佛厅长"，省议会议员马官敬更是称之为"民国成立后山东法官第一人"。

1925 年 4 月间，张宗昌入鲁，督鲁期间徇私枉法，与坚持司法公正的张志产生激烈矛盾。同年 10 月第三次直奉战争爆发后，张宗昌在江苏战场被孙传芳击败，此时，山东省议会内，以夏溥斋为首，正暗中展开"倒张"活动。当年12月，张宗昌接密报后立即赶回济南，欲逮捕夏溥斋，未遂。便以"有通敌嫌疑"罪名，将他的眼中钉张志（张志与夏溥斋为儿女亲家）秘密杀害。在全国舆论压力下，北洋政府"临时执政"段祺瑞不得不派人到山东查办张志被害案，但最后不了了之。该案后被称为民国"十大要案"之一。

2008年11月，南新街张志故居东立面。雍坚摄

2008年11月，南新街51号西洋楼。雍坚摄

南新街51号
两座小洋楼，数位名人住

穿过南新街51号楼门洞，院内别有洞天，一东一西有两座样式独特的洋楼。西洋楼为两层带阁楼的别墅建筑，上、下柱廊各有五根爱奥尼克石柱，柱头是西式的，而柱基则雕有"喜鹊登枝"等中国传统图案，整栋别墅刚刚粉刷一新，给人的感觉是庄重典雅，气势宏伟。东洋楼为"羲之书画社"，为两层青砖红瓦别墅楼。

李耀曦先生介绍说，当年这里是两座"花园洋房"，西院原属上新街，东院归南新街。早年西洋楼为民国某"国大"代表公寓，新中国成立后教育家晁哲甫曾在此居住，晁哲甫曾任山东省副省长、山东大学校长等职。东洋楼原为江家公馆，其主人江镜如在20世纪30年代为齐鲁大学医学院院长。新中国成立后，经济学家李予昂曾在此居住，李予昂曾任山东省副省长、省人大常委会副主任。

另据老街坊讲，除以上名人以外，20世纪五六十年代，在这两栋洋楼中居住过的名人还有舒同（曾任山东省委第一书记）、谭启龙（曾任山东省委第一书记）、栗再温（曾任山东省副省长）等党政名人。由于时间久远，他们在此居住的具体时段今天已难以考证。

济南城记（修订版）

2008 年，南新街 51 号东洋楼。森坚摄

黎玉像。资料片

关友声中年照。资料片

上新街 80 号
黎玉、关友声住过这宅院

从上新街中段往东的支巷中，有一个高大的西式门楼，方整的条石墙基，水刷石的方柱，门洞顶部为两个方形柱墩夹着一个等腰三角形墙体，上面雕着西洋花卉纹饰。就是这个门牌为上新街80号（原为甲3号）的宅院，尘封着与黎玉、武中奇、关友声等众多名人相关的故事。

从上新街80号的西式门楼走进去，里面是南北两进、东西两跨的组合院落，进门左拐是一个倒座5间、过厅5间的前院，可穿过过厅进入西后院，也可从与大门正对的二门门楼直接进入西后院。西后院二门门楼东侧，是一面传统影壁，影壁东面为东后院门楼。东西两

个后院形式大体相仿，院内正房、厢房都带有柱廊，廊下挂罩、雀替、云头均为传统木雕。

"最后一进还有花园。" 2008年冬，在西后院正房居住的刘杰先生已是知天命之年，是这座深宅大院原先主人的曾孙。据他介绍，这座深宅大院的第一代主人是他的曾祖父，当年任北洋政府掌管山东事务第五镇的官员。现在看到的东后院以前和他家并不相通，其正对影壁的大门之处今已拆建为二层小楼。

据刘杰的介绍，这个僻静小巷里的深宅大院，曾为中共山东地下省委的临时所在地。1936年夏天，刚刚担任中共山东省委书记、北方局代表的黎玉，化名冯寄雨，通过地下党员介绍，在这里住了几个月，而时任中共山东省委组织部部长（新中国成立后山东省省长）的

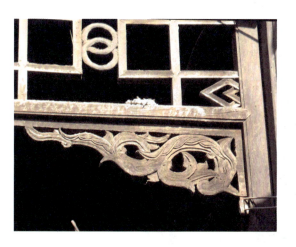

2008年11月，上新街80号院内柱廊下的花牙子雀替。雍坚摄

赵健民、时任省委宣传部部长的林浩等人时常出入于此。

"我父亲当时年纪小，大人们在屋里碰头、开会、研究工作的时候，就让我父亲到外面放哨，一遇到生人就拍巴掌作为暗号。"刘杰说。

据记载，后来成为书法大家的武中奇当年就是在这里结识了黎玉，进而走上了革命道路。为了安全起见，黎玉后来搬到曹家巷11号武中奇家中居住，随后，山东省委机关也搬到了那里。

刘杰介绍说，其祖父和父亲都喜欢诗词书画，乐交书画界朋友。"1948年济南解放之后，关友声还在前院住过5年。"刘杰说，父亲刘崑和著名画家关友声交情很好，当时关友声原来居住的房子坏了，而刘家的前院正好空闲，就让关友声搬了过来。

2008年11月，上新街80号的高大西式门楼。雍坚摄

一代京剧净魂方荣翔。资料片

上新街 120 号

方荣翔一家曾在此居住

沿上新街南口北行不远，路东一棵高大的梧桐树格外引人注目，梧桐树一侧的青砖门楼高大气派，门牌为上新街120号，推开黑漆木门走进老宅院，只见院内有一南一北两栋平房，位于北侧的正房进深约10米，长约20米，四面坡的屋脊和正门前的柱廊带有明显的西洋建筑风格。

一代京剧大师方荣翔就曾在此居住。"这是我们第二次搬家后的住处，租的房子，据说原先是一资本家的房子。"方荣翔长子方立笙先生介绍说，父亲方荣翔自1958年来到济南，一直在南新街和上新街居住，曾经搬过3次家。

1958年，方荣翔随中国人民志愿军京剧团一起转业至济南（任山东省京剧团副团长），最先的住处就是南新街西胡同省京剧团平房宿舍。60年代中期，第一次搬家到了上新街支巷——徐家花园45号（已拆）；在70年代初，又搬到了上新街120号；两三年后又一次搬回了原先的南新街老房。

方荣翔最红的时候就住在南新街和上新街，"那时候父亲名气很大，但是非常平易近人，遇到挑大粪的，他都主动跟人家握手，人缘很好。"方立笙介绍说，走在街上，不管遇到谁，父亲都会停下来拉家常。而说到兴致高涨之处，他还会亮开嗓子唱上一段。有点儿唱功的票友碰见他，还会拉住他要求指点一二，"方团长，我唱两句，您听听"。

2008 年 11 月，上新街 120 号外观。雍坚摄

上新街 51 号

"国保"建筑：红卍字会旧址

上新街最大的院落，是位于街西的济南道院及世界红卍字会旧址，同时，这个院落也是济南近现代建筑中规模最大的仿古建筑群。2006 年，这个建筑群被列入全国第六批重点文物保护单位名录。

据记载，1921 年，杜秉寅、刘绍基、洪士陶等 48 人以扶乩传经的方式在济南创立了一个民间道会门组织——济南道院，他们号称"四十八子"。道院倡导"五教合一"，所信奉的最高神，称为"至圣先天老祖"。1922 年，道院创设慈善机构——世界红卍字会。截至 1931 年，全国成立的院会在 250 处以上。其间，道院及红卍字会开始向海外发展，尤以

民国时期的济南母院正殿

在日本发展最为顺利，至1930年，已成立院会440余处。位于济南上新街的济南道院被称为"母院"，占地约20亩，利用各地捐款修建，始建于1934年，于1943年建成，该建筑采用旧式宫殿和庙宇布局手法，前后共有四进院落，沿中轴线，由南向北依次为影壁、正门、过厅、正殿和晨光阁（后改称文光阁）。由于道院南邻南圩子墙，开在上新街南首的东门为道院正门，门内南侧建有高大影壁一座，为济南现存历史建筑中最大的影壁，据说是为了解决紧邻南城墙的风水之忌。主体建筑晨光阁为重檐三滴水阁楼式建筑，气势恢宏，布局与泰山岱庙天贶殿相同。

虽然布局上承袭了传统形式，但在门窗比例和细部装修上则吸纳了西洋建筑的近代手法，尤其是运用了近代先进的钢筋混凝土技术，如正殿前抱厦的柱子和板栏，均是钢筋混凝土结构。因此，道院建筑被称为古代传统建筑形式与现代建筑技术、材料相结合的范例。

自20世纪50年代初至90年代初，道院一直作为山东博物馆馆址。1992年10月，位于千佛山北麓的省博物新馆建成后，这里才成为省文物考古研究所的驻地。

上新街 112 号

和道院用料相同的院落

上新街 112 号隐于上新街南首路东的一条支巷中，原始门楼已经改过，要进入院子，须从一栋临街楼门洞中穿进去，进去后才会发现，这竟然是一个规格颇高的大四合院。正房顶有西式老虎窗，下有地下室。正房前檐下有宽敞的走廊，廊柱雕饰简洁，但尤为粗壮。仔细观察，正屋和厢房建筑中所用的砖石、规格与普通民居迥然不同，倒和街对面的道院建筑基本一致。

2008 年，住在西屋的一位老街坊说，她也不清楚这房子的原始主人叫什么名字，只听人说，房主人原来是道院里管事的，整个院子就是用修道院剩下的材料修建的。再次询问住在正房中的住户，对方说，他是定期交房租的房客，对房子的主人及身世也不了解。

据报载，这个院子的主人名叫刘福缘，原来是红卍字会的。刘福缘本名刘绍基，字绵荪（福缘是其道名）。安徽凤阳人，秀才出身，民国初年，刘绍基为

2008 年 11 月，济南道院（世界红卍字会）的高大围墙将上新街上的行人映衬得颇为矮小。雍坚摄

231

2008 年，上新街 112 号院内。雍坚摄

率军驻扎滨县（今滨州）的营长。1916
年，刘绍基和滨县知事吴福林、县总务
科长洪士陶（字亦巢）及在县署大仙祠
中以尚大仙的名义创设"滨坛"。1917年，
刘绍基调济南驻防，即在家中设坛，把
滨坛变成了"济坛"，很多讲求迷信的清
朝遗老纷纷加入进来（或与之合流），而
济南道院正是在"济坛"的基础上发展
而成，刘绍基、洪士陶均为济南道院创
院"四十八子"中的重要人物。

上新街 108 号
伪济南市长朱桂山的别墅

上新街 108 号院子挺大，院子正中
是一座样式别致的红砖英式洋楼，虽然
已做过局部改动，但从主体结构和门窗
细部装饰上，仍能看出昔日的讲究和大
气。上新街有济南"古城别墅区"之称，

时至今日，108 号算是街上最后的别墅
院落了。

据了解，这里便是当年日伪时期济
南市市长朱桂山的宅第。朱桂山（1880—
1946），名五丹，字桂山。单县人。1911
年毕业于日本早稻田大学，中国同盟会
会员。1912 年后，历任山东民政长官公
署财政科长、山东临时议会议员、山东
银行协理、山东中国银行副行长、齐鲁
银行总理，并曾兼任山东商业专门学校
校长。1921 年至 1924 年 7 月，任国会
议员。后参与创办博东矿业公司、包头
面粉公司，分别任总经理、董事长。其
间，曾于 1931 年至 1932 年任国民代表
大会代表。1932 年 5 月，被韩复榘委任
为邹平实验县县长。

单从以上履历看，朱桂山在民国时
期已算得上一位在政界、商界显赫一时

的人物。可惜他晚节不保，济南沦陷后，在日本侵略军扶植下，于1938年1月出任伪济南治安维持会副会长。同年3月至1942年12月任伪济南市市长。1946年，朱桂山病死于北平。另据记载，任伪市长期间，朱桂山父子对国共抗日人员都有所照应，朱桂山曾营救中共抗日被捕人员，其子朱经古曾多次掩护国民党鲁北行政署地下工作者。

上新街 35 号

两湖巡阅使王占元的房子

凡是从上新街走过的人，多数会注意到，在道院北侧，路西有个中西合璧的门楼，外脸下部是一个西洋风格的拱券，券心石做工讲究；上面则是传统的青砖牌坊屏墙，正中嵌着"景园"石匾。尽管门楼已被改成了一个小卖部，小卖

2008年，上新街108号的英式洋楼。雍坚摄

名
人
扎
堆
的
南
新
街
上
新
街

2009年10月，上新街35号景园旧址。雍坚摄

部的招牌遮住了半拉门面，但仍难掩住它昔日的辉煌。

通过小卖部可进到院中，不过，院内建筑已被改造得面目全非。有关记载上曾说，当年院内有多进院落，"假山流水，小桥亭榭"。可惜，没有保存至今天。景园的原始主人，据说曾是赫赫有名的清末民初军阀王占元。王占元（1861—1934），河北省馆陶县人，字子春，早年投淮军刘铭传部，后入宋庆的"毅军"，参加过甲午战争。1895年，他到天津小站投入袁世凯编练的新建陆军。1910年他升为记名总兵，转年又被授陆军协都统衔。他只用了20年光景就一跃为清军中高级将领之一。1916年，他改任湖北督军兼省长，1920年，任两湖巡阅使。北伐战争胜利后，他寓居天津租界，1934年去世。

据记载，王占元的房产累计达到3000余间，其资产在同代寓津军阀中排名第二。上新街的"景园"建于何时，王占元何时在此居住不得而知。从现存记载看，财力雄厚的王占元生前在国内很多地方都有资产。1915年济南首家大型纱厂鲁丰纱厂创办时，王占元便曾投资120万元，成为第一大股东。景园的建造，或与他投资鲁丰纱厂为同一时期。

余之音

事情出现了转机

"海右此亭古，济南名士多"是杜甫的名句。在此后的千百年间，这句话在"论证"济南地灵人杰的时候不知被引用过多少遍。

事实上，历朝历代由济南诞生或在此寓居的名人确实不少。2008年秋冬，笔者在多次对南新街、上新街的走访调查中，也得出了同样的结论。但不容回避的尴尬是，济南的名人故居鲜有名分。

此处的"名分"，指的是文物保护身份。截至2013年，济南市区的各级文物保护单位中，仅有老舍故居、秦琼故居、陈冕状元府等寥寥几处。没有名分的名人故居就等同于民房，在旧城改造中能留下来的概率是微乎其微的。

除以上与名人足迹相关的院落外，上新街还有其他一些民居建筑可圈可点。如位于上新街北段路东46—54号的沙家公馆，便是一处典型的近代里弄，从临街的拱券门洞走进去，只见里面有6座对称分布的青砖小院，每个小院的样式大体相同；再如，上新街71—78号田家大院也是一处典型的近代里弄，弄门内甬道宽敞，两旁也是六个对称分布的幽静院落。与沙家公馆不同的是，这六座小院在色调上

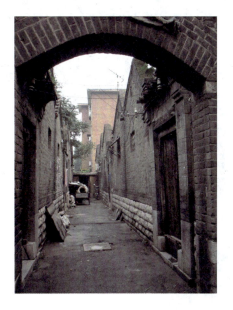

2006年8月，上新街46—54号沙家公馆是该街另一处典型的近代里弄。雍坚摄

则更加鲜亮，青砖门楼与红砖房互相交错，底部均为青石起基。

从2008年起，南新街南首部分民居开始拆迁。眼看着整个南新街、上新街片区的拆迁改造即将全面展开，事情又出现了转机。

2013年12月，多数居民都迁走（仅一户留守）达四五年的南新街63号张志故居被评为济南市级文物保护单位。2015年6月，南新街51号舒同、晁哲甫及李予昂旧居和上新街108号朱桂山故居由普通民居"直升"为省级文物保护单位。作为曾系统报道过它们的人，我感到无比欣慰。同时期待，这个片区的其他名人故居也尽快被划入文保圈。

2006 年 8 月，上新街 71—78 号田家大院为里弄建筑。雍坚摄

回望**顺河街边**
的老房子

◆ 街区地标：北坛（坦）

◆ 街区特质：传统民居

◆ 拆迁时间：2008 年

1982 年《济南市区街道图》上的顺河街一带街巷

2007 年 11 月前，拆迁前的北坛（坦）大街冷冷清清。雍坚摄

再 回 首

顺河街是沿着济南西圩壕自然延伸的一条南北道路，确切地说，它南起杆石桥，北至今天的明湖西路。本文所指的顺河片区的老房子，主要位于顺河街北段路西，大致在原北坛（坦）南街、北坛（坦）中街（今明湖西路一线）以南区域，时下称这里为顺河街片区。

迷宫一样的老街巷

一则因为这里处在铁路、西圩壕、馆驿街的"挤压"之中，地形不规则，二则因为这里的聚居区在形成之初没有硬性规划，整个顺河街片区当年给外人的印象是，街巷纵横交错，如迷宫一般。

20 世纪 90 年代，如果骑车从西门去长途汽车站，走宽马路的话，可选择西门—人民商场—大观园—天桥一线；

2007 年 11 月，拆迁前的东园街。雍坚摄

如果想走点捷径，也可以走西门—少年宫—顺河街—北坛（坦）—成丰桥这条路。不过，如果不熟悉顺河街片区，选择后者还是比较麻烦的。在这里，从很多街口都能进去，但进去以后，由于街道走向不是正南正北或正东正西的，外地人左拐右拐，在东园街、忠义街、北光明街、菜市街、济安街串来串去，很容易找不着北。

1946 年诸街巷才正式定名

顺河街片区的老地标是北坛庄。北坛庄之名源自北坛。明嘉靖九年（1530），朝廷规定天坛、地坛分祭（此前合祭，地点在今贵和购物中心旁的天地坛街一

带），济南于是建地坛于城西北，北坛之名盖起于此时。清乾隆三十六年《历城县志》已明确载有"北坛庄"。

在 1924 年《续修历城县志》附图中，北坛庄一带尚未划分街巷，范围很小。此庄街巷和人口的激增应该是在 20 世纪三四十年代。1946 年，北坛庄人口达 1200 余户，政府取消庄名划为 30 条街巷。可能因为新命名不久，在 1947 年的《济南市街道详图》上，聚贤街以北的北坛庄一带并没有标注具体街巷。

1982 年出版的《济南市区街道图》，是一幅比例尺为"1：8000"的超大地图。在这张图上，北坛一带的老街巷有北坛大街、北坛南街、济安街、万顺街

等二十几条街巷。伴随着老街区的渐次开发和经一路的东延,不少老街渐次消失。2007年底,在聚贤街以北、明湖西路以南区域尚有利民后街、北坛南街、万顺街、中园街、东园街、双井街、北光明街、忠义街、义士巷等街巷。

老 房 子

或许是由于此处偏居一隅,北坛一带的老房子相对档次较低,独门独院的简易房民居较多,从拆迁前的旧貌看,昔日算得大户人家的宅院只剩下寥寥几处。

别致的花墙引人驻足

聚贤街的名字据说来源于西圩壕上的聚仙桥。在聚贤街小区建立之后,聚贤街的旧式街道仅剩下顺河街与聚贤街小区之间很短的一段。从这里走过的人,对路南4号的大门楼往往有较深的印象。

这是一个有着小瓦花脊的旧式门楼,黑漆木门上写有对联:"春秋多佳日,山水有清音。"门内的座山影壁做工讲究,造型优美。当然,最吸引人的是,门楼西侧、临街砖墙上所做的花墙装饰,寻常的灰瓦在被赋予了不同排列

2007年11月,聚贤街4号的门楼和花墙。雍坚摄

2007 年 11 月，拆迁前的中园街。雍坚摄

组合后，呈现出妙趣横生的韵味。

聚贤街 4 号由前后两个院落组成，前院是标准的四合院，高大的石榴树超过屋顶，几个红色大石榴悬在树梢，为小院拆迁前的最后一个冬天平添了不少生机。据了解，这个四合院是房管房，有好几家住户在此居住。

2007 年 11 月，在聚贤街 4 号后院正屋居住的王先生说，这个大院是他的祖父在新中国成立前在此购地修建的，有百十来年了，新中国成立后大部分房产充公，他们家只拥有所住房子的产权。

"我们已经接到动迁通知，估计一两个月内，就得从这个老院中搬走了。"王先生有些留恋地说。据他讲，当年，4

号院西侧，还有两个院子也是他家的，2007 年，那里早已被现代楼房所取代。

北坛南街 8 号：郭家老院
合抱粗的洋槐见证沧桑

北坛南街位于聚贤街以北，主街大致与如今的聚贤街平行，两街间有条支巷相通，街名也叫北坛南街。北坛南街 8 号就位于这条狭窄的支巷之中。

8 号大门坐东朝西，很讲究，基石方方正正，青砖磨砖对缝。

2007 年 11 月，笔者轻轻地敲开 8 号的大门，在此院租住的一位女房客听说是来拍照的，热情地把笔者请到院中。

"随便拍吧，这个院子可是有年岁

2007 年 11 月，拆迁前的北坛南街。片中大门楼为北坛南街 8 号。雍坚摄

2007年11月，院中养鸡的北坛南街8号。雍坚摄

了。再不拍，拆了就没机会了。"女房客边说边把她放养在院中的一群鸡引了过来，说："你可以拍拍它们，如今在家中养鸡的可不多了。"

这是一个天井宽敞的四合院，正屋和南屋各三间，东西厢房则各五间。与聚贤街4号的拱券门窗所不同的是，这里的门、窗都是方方正正的，年代似乎更早一些。济南民居的天井中一般都植有香椿和石榴树，而这个院子中却是两株拔地而起的洋槐，有合抱粗，远远地隔着一条街都能够看得见。8号院的主人郭先生介绍说，这个院子是郭家世代居住的，槐树是他的曾祖父种的，有七八十年了。

双井街10号：刘家大院
偏僻小巷中竟有六柱大门

双井街位于老北坛庄的中心，大致为南北走向，街上原有口双眼井，1946年北坛一带进行街巷规划时，将该街命名为"双井街"。

双井街10号位于双井街东侧的一条支巷（旧称义士巷）中，其大门竟然是规格颇高的六柱大门，在北坛一带，这恐怕是绝无仅有的。

拆迁前，10号的大门两侧墀头上有精致石雕"狮子滚绣球"，可惜因人为破坏已面目全非。进门后的座山影壁立体感极强，体现出建造者的匠心独具。院内虽然添加了小厨房之类的后天建筑，但前出厦带回廊的正屋依然显示出当年的豪奢。10 号院西侧还有一个独立四合院，从建筑格局看，当年这两个院子是相通的。80 岁的老住户武玉贵说，当年 10 号院和它西面的院子是一户人家的，主人名叫刘振清（音），桓台人，是成通纱厂（建国后称国棉四厂）的。当时纱厂的老板是桓台人，厂内得到重用的很多也是桓台人。建国后，这房子就成了国棉四厂的职工宿舍，至今住户不少还是国棉四厂的老工人。值得一提的是，

2007 年 5 月，一位老人站在即将拆迁的双井街义士巷巷口。雍坚摄

2007 年 5 月，前出厦带走廊的双井街 10 号正屋。雍坚摄

2007 年 5 月，双井街 10 号的六柱大门。雍坚摄

2007 年 11 月，拆迁前的北光明街。雍坚摄

一般济南民居门楼的墀头与山墙等宽，而 10 号院门楼的墀头明显窄于山墙，带有明显的桓台民居风格。

史料显示，成通纱厂是桓台苗家1932 年创办的，苗杏村任首任董事长，苗海南任首任总经理。

除双井街 10 号外，在双井街西侧的北光明街，拆迁前有一个门牌为北光明街 21 号的门楼也颇为讲究，墀头上的缠枝葫芦石雕保存完好，雕工细腻。

2007 年 11 月，北光明街 21 号挑檐石上的缠枝葫芦石雕。雍坚摄

昔日居民已经回迁

顺河街片区堪称是建设和回迁速度最快的片区之一。2007年底，伴随着周边馆驿街片区、纬北路片区的拆迁，顺河街片区开始动迁。再不拍就来不及了，于是笔者拎起相机，走进这片尘封的街区，为这里的老房子按下最后的快门。

2009年夏天，搬走的居民已经开始回迁入住新楼房。

从报上看到一则消息，由于原来住在此的多数居民收入不是很高，购买私家车较少，导致回迁后小区内预留的停车位相对富裕，结果，附近单位的车纷纷开来停放。

历史，已经像日历一样，翻开了新的一页。当那些在现代楼房中出生的孩子们长大后，再给他们讲起这里曾是迷宫般的街巷，低矮平房中夹杂着几座装饰讲究的豪宅，他们听起来，一定会觉得像天方夜谭……

济南城记
（修订版）

2007年11月，北光明街21号有颇为讲究的门楼。雍坚摄

馆驿街，

远去的土产杂货街

◈ 街区地标：馆驿街

◈ 街区特质：民居老字号庙宇

◈ 拆迁时间：2007 年

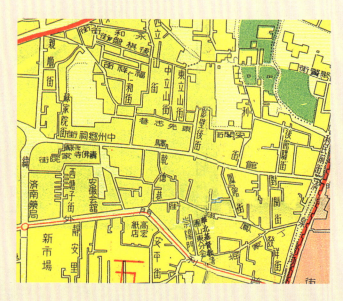

1947 年《济南市街道详图》上的馆驿街周边街巷。

2007 年 5 月，熙熙攘攘的馆驿街东首。雍坚摄

再 回 首

馆驿街是一条以驿站而得名的老街。明洪武元年（1368），设山东行中书省，同年在齐州旧治置谭城驿，位于今馆驿街东首，职能是传递公文，接送官员。因此又称接官亭（厅）。

馆驿和馆驿街的演变

馆驿街的名称出现的并不算早。由于接官亭西有座十王殿，在清乾隆《历城县志》上，这里被称为十王殿街。清同治年间，济南外城石圩建成后，于圩子墙西北处建水镇门。在光绪己丑

（1889）《省城街巷全图》上，水镇门外是东西相衔的官驿街和十王殿街。

1904 年济南开埠时，十王殿被设为商埠东界，正对十王殿的馆驿街则一跃成为济南老城与商埠经一路对接的主干道。开埠之初，十王殿被拆除，原址建成津浦铁路局；同一时期，济南建立山东邮政管理局，原驿站废除。昔日的官道自此开始了向商业街转变的历程。从宣统《济南省城及商埠全图》可知，清末官驿街和十王殿街已并称为馆驿街。

新中国成立后，馆驿街一线大致为区界，北侧为天桥区，南侧为市中区。本文所讲的馆驿街片区包括南北两侧的传统民居区。拆迁前，南侧，馆驿街和

251

2007 年 8 月，收旧家具的小贩开车经过凤馆街。雍坚摄

经二路之间尚有对关街、凤翔街、凤馆街、乾德巷、皖新街，它们均形成于清末民初，街名都是很有讲究的，如对关街因正对关帝庙而得名，皖新街则因附近有个安徽乡祠。

"北岗子"曾经是花街柳巷

馆驿街北侧的老街区主要集中在西段路北，也形成于清末民初时期。这片位于天桥以东、铁路南侧一带的区域旧时为乱葬岗子，俗称"北岗子"，与魏家庄北侧的"南岗子"相对而称。20 世纪二三十年代，这里已有前后永和街、前后棋盘街、东西仁和街、德顺街、亲仁街、先志巷、福祥街等 11 条街巷，俗语中依然被统称为"北岗子"。

2007 年 8 月，后棋盘街。时年 80 岁的王老太太说，她是街上年纪最大的老人了。从 15 岁嫁到在济南做布鞋的夫家算始，老家在肥城的她在后棋盘街已经居住了 65 年。解放前，她家靠做布鞋为生，在后棋盘街附近赁屋居住。王老太太记得，"解放前，除了我们这间屋子的原主人是商家，斜对面那家是做酱菜生意的，周围大都是粉市。"

粉市，也就是花街柳巷。"这附近过去有个风俗，大姑娘和小媳妇都不在街上站着。"在亲仁街居住的 60 多岁的李老太太说，过去在北岗子一带，有这样特别的风俗。言外之意也就是说，站在街口会被外人误以为站街拉客的风尘女子。

据1934年《济南大观》记载："平康丙等，北岗子妓女456人。"解放后，那些女子获得了自由，北岗子附近才成了手工艺人等普通百姓聚居的地方。

北岗子东南侧，清末为慈善机构养济院，民国时期有盛会慈善公所的施粥厂，日伪时期，伪省教育厅科长谷岱峰建宅于此。曾任盛会慈善公所所长的辛铸九与谷岱峰以"辛""峰（旧写作峯）"二字之首为街取名"立山街"，三条南北走向的街巷后来又被细分为西立山街、中立山街和东立山街。

2007年5月，馆驿街西片区鸟瞰。雍坚摄

2007年8月，太平商场两侧的简易房。雍坚摄

2007年5月，影壁后街。雍坚摄

2007 年 8 月，前棋盘街。雍坚摄

2007 年 8 月，馆驿街批发卖笼屉簸箕的小店。雍坚摄

2007 年 5 月，馆驿街西首，做老面馒头的笼屉摞得两米多高。雍坚摄

2007 年 8 月，馆驿街先志巷南口，做马扎子的手工业者。雍坚摄

255

叮叮当当的黑白铁生意

在济南，如果要找一条延续百年的土产杂货商业街，馆驿街恐怕算是唯一的答案。"在别处买不到的东西，到馆驿街去兑货。"是很多老济南人挂在嘴边的一句话。如果你要给孩子的滑板车换个轮子，或根据自家需要定做刷子、铁架子，到馆驿街准能搞定。

拆迁前，走在馆驿街上，叮叮当当的声音不绝于耳，那是街上经营黑白铁生意的商家工匠正在忙碌着。粗略一数，一里半长的馆驿街上，竟然分布着数十家黑白铁加工铺。除了黑白铁，卖木炭的，卖炉具的，卖筛子的，卖簸箕的，卖笼屉的，做老面馒头的，做马扎子的一家挨一家，简直是生活用品总汇。

民国时期的济南馆驿街同盛和商行制锹工厂商标。

"铁艺、编织、笼屉是馆驿街过去的三大行。"2007年8月，街上的一位老艺人说，50年前馆驿街上只有七八家黑白铁铺，其中有四家赫赫有名：张善岭、齐建业、郑麻子和赵拐子。而馆驿街上历史最长的黑白铁铺，就是尚庆立师傅继承名铁匠张善岭的店铺。当年，15岁的尚师傅在张善岭店铺对面的红旗打火机厂上班，没事的时候，他就喜欢跟着张师傅对着黑白铁敲敲打打。后来，尚师傅不但学到了张善岭的手艺，还娶到了张师傅的女儿，继承了老黑白铁铺。

2007年，50多岁的尚师傅还使着老岳父留下来的铁锤和木墩，用双手做着绣花般精细的手艺活。地道的纯手工黑白铁产品尽管精细耐用，可是一锤一锤地敲打也实在无法与机械化生产抗衡。

"馆驿街上的黑白铁已经变化了。"尚师傅无奈地感慨道。

2007年8月，手工做黑白铁器具的老师傅。雍坚摄

老房子

2007 年，馆驿街片区开始拆迁改造。此前，这条街上的老房子以民居、老字号和寺庙会馆为最有特色。

馆驿街 3 号
申家公馆的前身是馆驿

"光绪三十二年（1906），济南建立山东邮政管理局，原馆驿站废除，其故址被津浦铁路护路统领申世魁所占据。"——20 世纪 80 年代出版的《济南地名漫话》一书有此记载。

馆驿废止已有百余年，拆迁前，在馆驿街是否还留有遗迹？

"你仔细看看馆驿街 3 号门洞两侧的影壁，它应该就是你们所要找的馆驿残留建筑。"2007 年，在馆驿街做黑白铁生意的张先生说。当时，3 号门洞两侧，尚能看出左右对称的两堵旧式青砖影壁，顶部都有小瓦叠成的花墙装饰。一般的影壁都是正冲大门，这种位于大门两侧的双影壁显得非常"另类"。此外，在门洞内侧墙体上，还砌着雕有牡丹图案的大青石。

"这里现在是济南百货站宿舍，不过，上年纪的都管这里叫申家公馆。"张先生的话再次印证出，馆驿街 3 号正是馆驿街的源头建筑所在地。

穿过馆驿街 3 号的门洞，再绕过院内一座现代居民楼，只见一座五开间、前出厦带回廊的青砖老屋隐藏在楼后，檐角下墀头有精细的砖雕、石雕，廊柱上的雕花雀替虽然布满灰尘，但基本完

2007 年 8 月，馆驿街申家公馆老屋。王晓明摄

257

馆驿街3号门洞内侧雕有牡丹图案的青石。雍坚摄

整，拆迁前，里面住着5户百货供应站的职工。

2007年，74岁的申静华老人回忆说，申家大院已有100多年了。在她只有几岁的时候，伯父申士魁已退休在家，她父亲申士元和伯父都住在这个院子里。直到伯父去世的前一年，申家才开始分家，他们家搬到旁边的跨院居住，那时她才八九岁。"当年的申家大院是三进院子，包括大西院、小西院、上房院，还有书房院和跨院，大院后门一直延伸到后馆驿街。大院北面原来有一个大地下室，战争时期，附近居民常来躲避战火。"申静华说，大约在济南解放初期，申家才把院子卖给了接收机关。

馆驿街61号
美国红松建的两层木楼

馆驿街片区的老建筑大都为20世纪20年代至40年代所建，因此它最初是老城与商埠间的"缓冲"地带，该片区的建筑规格不算太高，但建筑工艺明显带有中西合璧色彩。

拆迁前的馆驿街61号便是其中之一。这处院落位于馆驿街的中段北侧，从街上匆匆走过，很难发现这里还"藏"着一处建筑精美的老宅子。从低矮的临街小门进去后，首先经过一个长约10米的通道，然后是个穿堂屋。经过穿堂屋，眼前便是一个一座古香古色的四开间二层带回廊的老楼，楼梯、栏杆、廊柱均为木质，上楼下楼不时发出"咚咚"的声响，建筑华丽精美，构造厚重大气，可以肯定当年住着的是大户人家。

"当年的房主叫周明潭，是他的爷爷从美国运来的红松修的楼！"2007年8月，81岁的老住户房大娘说，她在馆驿街出生长大，在28岁时搬到已经充公的馆驿街61号大院的平房住。她记得在解放前，周明潭所住的这个院子是附近最好的房子，经常有国民党的军官前来住宿，而且在楼上熬夜打麻将。

房大娘的女儿谢女士说，当年的楼梯上铺了鬃毛毯子，感觉很阔气。

济南城记

（修订版）

2007 年 8 月，馆驿街 61 号古色古香的小楼。雍坚摄

2007 年 5 月，馆驿街 241 号后楼一角。雍坚摄

2008 年 8 月，馆驿街 241 号临街楼。雍坚摄

馆驿街 241 号

"高家大院"曾是铸锅老字号

在馆驿街经营铁丝网生意的河北衡水人边先生讲，20 世纪初的时候，河北人做箩底、笼屉、筛子的技术非常高超，繁华的馆驿街吸引了河北商人带着这一手艺来到这里，做起了生意，渐渐地把亲戚朋友也都介绍过来，于是馆驿街的河北人就多了起来。其中，位于馆驿街西头路北 241 号的"高家大院"，就是两位河北商人开办的铸锅商号。

拆迁前，高家大院临街是一栋四开间二层小楼，从楼下过道穿过去，是一个超大的院落，里面建满了简易房。穿过大院，眼前是一栋古色古香的旧式居民楼，比前楼长了一倍，板栏上有很讲究的木雕图案。2008 年 8 月，如此长的旧式居民楼在济南已堪称第一。住在高家大院临街老房子里的 88 岁的丁维新老人介绍，自从他 16 岁从河北老家来到馆驿街，就几乎没离开过这条老街，算是见证了高家的兴衰。丁维新说，20 世纪20 年代，高氏两兄弟从河北安平来到馆驿街，成立了"同利生翻砂厂"，工厂主要经营翻砂铸锅的生意。由于经营有方，高家的买卖后来越做越大，成了馆驿街上首屈一指的大商户。有了钱，才在此买地建了大宅院，后楼住人，前楼售货，院子里搞加工。

丁维新说，20 世纪 50 年代，政府对高家的产业进行了公私合营，高家的人还在工厂里工作，后来渐渐地就不知道高家人去哪里了。不过在几年前，曾有一位老人带着孙子来到高家大院的旧址，从大门上拔了一颗钉子留作纪念后就走了。有人说那位老人有可能是高家的后人。

馆驿街，远去的土产杂货街

261

2007 年 5 月，馆驿街赵家米粉店。雍坚摄

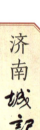

济南城记（修订版）

馆驿街中段路南
赵家米粉是个百年老店

2007 年 8 月，85 岁的张全明老人说，当他还是个五六岁的孩子的时候，他父亲用独轮车推着全部家当，把他从聊城冠县带到馆驿街定居。那时，街上就已有布市、粮食市、肉市和柴火市。后来，随着天南地北的人在这里聚集和生存，渐渐地满街都变成了商业门头。到了 20 世纪 40 年代，馆驿街白天黑夜人流不断，变得拥挤且繁华。

人多了，小吃店肯定是少不了的。赵玉国的祖辈从泰安来到馆驿街定居已经有近百年的历史，赵家所开办的米粉店几乎跟赵家来到这条街上的历史一样长。2007 年 8 月，"赵家米粉店"白底红字的招牌在即将拆迁的馆驿街格外显眼。

大概是因为雨天，本该是小吃生意旺季的夏秋季节，赵家米粉店里进出的顾客并不多。赵家的媳妇说，赵家米粉为纯小米面制作，入口滑溜溜的，咬起来脆生生的，高汤入味、香而不腻是其特色。据老人讲，原来这条街上有七八家米粉店，至 2007 年，只剩下赵家米粉店还继续经营着。

馆驿街拆迁后，赵家米粉店几经周折，最后搬至大观园小吃城继续经营。

馆驿街 27 号
杂货铺前身是老教堂

馆驿街 27 号是一座三层老洋楼。青砖、青瓦、尖形券窗，一派西方建筑风

2007 年 5 月，馆驿街上的老教堂旧址。雍坚摄

格。屋顶和檐角处的几棵不知名的小草长势正旺，给老教堂平添了几分悲凉。拆迁前建筑的一层已成了营业房，里面塞满了各种铁器、杂品。店主讲，一层建筑他已租用多年，二层三层一直空闲着，没有人用，屋顶楼梯损坏严重。楼梯上塞满了杂物，让人无法看清楼梯的本来面目。楼梯扶手和顶部布满了灰尘，金黄色的油漆斑斑驳驳，依稀可见。

据韩德清著《我所了解的济南基督教》一书记载，"1845 年美国因奴隶问题所发生的南北战争后，分裂而成立美南浸信会……1917 年，该会派易文士牧师来济南，先在布政司街租房礼拜，建立济南基督教浸信会。1919 年那约翰来济南。当年购馆驿街 45 号院一处，1923

年在此处建教堂。前面二层楼做牧师住房，后面是教堂。"解放前后，是一名叫于相虞的做该堂牧师。

当年的馆驿街教堂即是馆驿街 27 号洋楼。老街坊张全明回忆说，他小时候，这座教堂还比较红火，每逢礼拜天，便会聚集好多信徒，他们虔诚地在这里做礼拜。

凤馆街 7 号
曾是生意兴隆的源盛棚场

凤馆街是馆驿街南侧的一条小巷，也是整个馆驿街片区中较为高档的一条老街。在凤馆街上，解放前曾经是店铺林立，有卖烟酒糖茶的王家小铺，有卖酱油的张家小铺，有卖锅饼的小铺，也有专门为红白喜事扎棚子的"源盛棚场"，而这个棚场的旧址就在凤馆街7号院子里。

7号院子的门楼比别的门楼要高出一些，里面有7间房子，房子也显得高大突出一些。"这里原来是扎棚子的地方！"2007年8月，79岁的老住户王大娘说，7号院里原是"源盛棚场"，是解放前一个生意不错的行当，里面有几个专门为红白喜事、庆典仪式等扎制大棚的能工巧匠。

"原来屋顶上有一个方形的楼梯，沿着楼梯可以转院子一圈！"王大娘说，可惜后来楼梯拆掉了，想看看远处的风景就难了。

凤翔街59号、61号
两个四合院组成一个大院

凤翔街59号和61号是两个东西对称的四合院，两个四合院在南边共用一个大门。据建筑专家推测，"院子里的建筑建于20世纪20年代左右，有可能是兄弟二人共住一个大院，但又有自己单独的小院。"

大院的正门门楼虽然有些残缺，但十分高大，足有6米多高，墀头上刻有狮子滚绣球的图案，雕刻精细生动，墀头上还有云纹。大门已经拆掉，门道左右两面墙上还有放门闩的墙洞，门道内也有座山影壁。61号是西院，

2007年8月，凤翔街59号、61号外观。雍坚摄

2007 年 8 月，凤翔街 59 号、61 号座山照壁。雍坚摄

院子里天井很大，北屋是青砖到顶的建筑，耳房比主屋还要高出一块。院子里的老住户已经搬走，只剩下几家租房子的临时住户。59 号院子的建筑与 61 号院子类似，只是原先朝西的正门已被封住，进出只能走凤馆街上新开的一个东门。

2007年8月，凤翔街19号的95岁姚奶奶讲述家族故事。雍坚摄

凤翔街 19 号

粗布一捆一捆向外卖

在凤翔街上，19号院子特别显眼。该院门楼为西式风格，高大且呈"山"字形，在水泥墙面上雕刻着花、徽章等精致图案。迈两层台阶上去，是两扇黑漆大门，大门上贴有"迎春接福"等字。进入小四合院，只见建筑物多是青红砖混合建成，是20世纪三四十年代的建筑风格，其中以北屋面积最大。院子里有一株石榴树和一株香椿树，枝繁叶茂，枝干粗大。

"这两棵树都已经种了35年了！"2007年8月，在北屋居住的姚老太太已经95岁高龄了，由于耳朵有点背，说起房子的历史来，她的思路时断时续。据她讲，1944年，她和老伴从聊城搬到这里居住，当时家里做的是卖粗布生意。"一捆一捆地向外卖，可也没挣到多少钱！"

2007年8月凤翔街19号西式风格的"山"字门楼。雍坚摄

2004 年 12 月 20 日，笔者（左）在新发现的安徽乡祠采访。郭建政摄

皖新街 29 号

曾是安徽乡祠旧址

2004 年 12 月 20 日，尘封半个多世纪的会馆建筑——"安徽乡祠"——在馆驿街西首路南的皖新街 29 号被文物工作者重新发现。

当日，施工人员在对一栋面阔三间的古建筑整修时发现，梁架上彩绘蝙蝠、北墙墙壁上镶嵌着四块完整的碑刻，每块碑刻都有 2 米多高。位于东首的碑刻题为"安徽乡祠碑记"，内容记载了安徽乡祠早期的筹建情况及安徽籍商人、官宦在济南的活动情况，落款时间是同治十二年（1873）。其余三块碑刻均刻于同治十三年，一块记载了捐款修乡祠的人名，另外两块为"安徽乡祠契碑"，详载

了当年建祠之地购自何处。

"这个老屋就是当年安徽乡祠的大殿，解放后一直作为馆驿街小学的教研室，原来屋前还有前殿，屋东有旁院和花园。"时年 73 岁的庞俊臣老人说。他是馆驿街小学的退休教师，住在中殿北面的一个老四合院中，那里是当年安徽乡祠用以停放棺材的地方。他说，1932 年 9 月，军阀张宗昌在济南火车站被刺身亡。当局将张宗昌的尸体移放到安徽会馆，并在此召开了追悼会。济南百姓知道后，扬言要烧尸毁祠，安徽会馆的执事连忙令张的家属移枢他处。

2007 年 8 月，安徽乡祠大殿已被辟为一个休闲用乒乓球室，镶嵌在墙体内的四块碑刻都被加了玻璃罩。

2004年12月20日，安徽乡祠大殿新发现石碑四通，图为其中两通。郭建政摄

2007 年 8 月，整齐划一的花园街。雍坚摄

花园街 24—30 号
一张图纸造一条街

馆驿街西段路北的先志巷和太平商场，过去分别是柴火市和粮食市。沿着太平商场主路走到尽头，一道铁门锁住了前路。在路尽头的右手边，有两排讲究的门楼对立，这些房子的门牌号从右往左依次为花园街 24 号到 30 号。

这条静谧的花园街，充满了旧时里弄的感觉：所有房子都是一样的门楼，青石为基，青砖门楼，机制红砖做墙体，黑漆大门。花园街两边高大的门楼整齐地相对着。院子房屋的结构都相同，采用的是济南民居中常见的"三明两暗"格局。

2007 年 8 月，家住花园街 28 号的孙玉宝介绍说，他的爷爷在 1948 年前后用 80 块大洋从某人的四姨太太手中买下了这个院子。花园街只留下了八座小院，以前还有前院，整条街特别规整，"不像太平商场那边是棚户区，花园街很有规划。"

花园街 29 号院的男主人姓张，女主人姓武。武女士说，她婆婆在世的时候曾说过，这花园街的房子都是按照同一张图纸规划建造的，所以房子的结构都是相同的。

据《山东省济南市地名志》记载，花园街附近在 1924 年有个名叫李月发的人在这里种花、租花为生，因此这附近也叫"李家花园"。后住户渐多遂成街巷。

济南城记（修订版）

故意没报道的石碑

2007年七八月间，我和我的同事多次深入馆驿街一带进行调查寻访，从老街坊口中挖掘"口述历史"。当年8月23日，《生活日报》推出5个版的《老济南·馆驿往事》专刊，有读者看后来信表扬我们说，这是省城媒体关于馆驿街做得最多、最透的一次报道。

实际上，有大量民居图片因为版面所限没有刊发。还有一些新发现，出于保护文物的需要，我们没有予以披露。如当年8月15日，我和同事郭学军在馆驿街东首申家公馆（原馆驿）调查时，了解到一个重要信息，说申家在后馆驿街有个西门。于是转到馆驿街支巷——后馆驿街，由于建筑格局改造，在此已找不到申家公馆的西门，但我们却意外在一个门楼旁发现了一块重要石碑。当时它已半截没入地下，旁边堆了很多垃圾，估计原高应在1.5—2米间。由于不能通读碑文，只草草看了一眼，见碑的纪年为同治九年十一月，碑文中有"宫保抚宪丁□藩"字样，这应该指的是山东巡抚丁宝桢，那段时间他正好在山东任职。

这是馆驿街片区拆迁前所剩的唯一一块历史碑刻，为了保护它，我们特意没有将它写进特刊。原想，等馆驿街拆迁时，把它挖出来时，一定好好研究一下碑文。不想，2008年春天，当笔者再次路过顺河街时，发现馆驿街已夷为平地，施工部门正挖地槽打基础。

后馆驿街那块碑，不知道沦落到了哪里……

2007年8月，后馆驿街藏着的清代石碑。为了解碑文，同事郭学军现场清理垃圾。雍坚摄

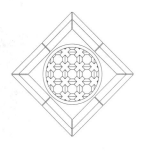

魏家庄

的豪门大院

◈ 街区地标：魏家庄

◈ 街区特质：官宦豪宅

◈ 拆迁时间：2008 年

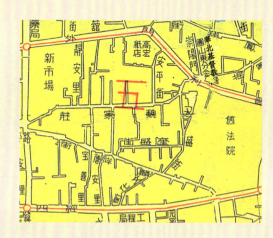

1947 年《济南市街道详图》上的魏家庄一带街巷

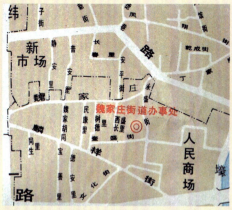

1982 年《济南市区街道图》上的魏家庄周边街巷

2008 年，魏家庄片区鸟瞰。王琴摄

再 回 首

在济南市纬一路以东、经二路以南、顺河街以西、经四路以北，有一片旧式民居，因为东、西、北三面都是单行线，拆迁前，很多济南人都没有走进过这个已有些破败的片区，而这里，民国时期曾是全济南最高档的住宅区之一，很多保留下来的官商大院便是明证。

这里便是魏家庄片区。

魏家庄始自清道光年间

与那些动辄就能溯源到明代的老街古村相比，魏家庄算是一个年轻的片区。据《山东省济南市市中区地名志》记载，清道光年间，魏、曹两家由长清楚家庄迁居至此。因魏姓人口较多，经村民公议定名为"魏家庄"。魏家庄南侧后来也形成聚居区，习称"南魏家庄"，后来又改称麟祥街。有书上说，麟祥街之名，源自民国五年（1916），济南圩子墙

2007 年 10 月，魏家庄主街上人流熙熙攘攘。雍坚摄

上新开辟的麟祥门（大致位于今共青团路与顺河街交界口）。据考证，这种说法反过来倒讲得通。因为，早在光绪己丑年（1889）《省城街巷全图》上，已标有麟祥街的名字。

清末，魏家庄周边多是窑厂和乱葬岗子。如麟祥街南有解家窑，魏家庄北被称为南岗子。

魏家庄的发达始自民国早期

魏家庄位于纬一路与圩子墙之间，是老城与商埠之间的一个缓冲地带。清末民初，把握山东军政大权的北洋新贵们不约而同地看好了此处的风水。先是

有张怀芝（山东东阿人，清末任北洋陆军第五镇统制，民初任山东省督军）于 1905 年在魏家庄北侧的南岗子开辟"义地"，建起济南最早的商场式平民市场——新市场。麟祥街路南支巷之一同生里最初是张怀芝的"松菊花园"，圈建时间估计和新市场是同期。

继张怀芝之后，张树元（山东无棣人，清末任北洋陆军第五镇协统，1918 年，继张怀芝之后任山东省督军）、吴新田（安徽合肥人，民国初年曾任岳阳镇守使、陕西督军）、张培荣（河南正阳人，民国初年曾任兖州镇守使）等人先后在魏家庄一带辟地建宅，他们均是北洋军

2006 年 10 月，与热闹的魏家庄相比，麟祥街则清静得多。雍坚摄

2006 年 10 月，德安里北首。雍坚摄

阀中的皖系军阀。

　　一个小片区中，竟然有三个督军一个镇守使的地产，足见魏家庄昔日之辉煌。

　　张怀芝、张树元、吴新田三个督军之间有何私交尚未考证清楚，但三人的经历离奇相似，腾达时都做过一省军事长官，晚年都寓居天津。

老 房 子

　　拆迁前，在魏家庄片区，除魏家庄、麟祥街两条主街外，像同生里、宝善里、德安里、民康里这样的小巷里弄有十多

条。不经意间看到的一个大院，或许就能引出一段悠远的故事。

魏家庄 43 号
菩提寺原是张家后花园

　　拆迁前，魏家庄东首的 43 号院是一个不起眼的临街小门，院内西侧为部分已翻盖的平房，东侧则是一座带地下室的五开间二层小洋楼。虽然倍显破旧，但建筑风格疏朗大方，楼上、楼下的拱形门显现出气度不凡的欧式建筑风格。

　　"这可不是一座普通的洋楼，它曾经做过寺院，收水表的单子上曾印着'菩提寺'等字。"2007 年，84 岁的老住

2007 年 10 月，长春里砖楼。雍坚摄

2007 年 10 月，静安里。雍坚摄

2007 年 10 月，济南最美的里弄——同生里（由南往北拍摄）。雍坚摄

户赵爷爷说，洋楼上住着9户人家，屋内都铺着木地板。他搬到这住才30来年，听人说，43号院原是张家公馆的后花园。自小在魏家庄长大的八旬老街坊张老太太指着43号门西的一座平房介绍说，这里才是菩提寺的正门，后来改成了住房，当年，我们都管菩提寺叫姑子庵。

在2007年出版的《齐鲁佛教史话》一书上，有菩提寺的简要记载。书中称，菩提寺位于魏家庄45号，原为北洋军阀张培荣的公馆，北伐后张培荣潜逃，他的妻子张侯氏为保全家产，将公馆变成佛堂，带着他的两妾四丫头一起出家。但张奶奶说，45号确实是张家的房子，不过菩提寺设在43号。

2007年10月，魏家庄"菩提寺"前立面。王晓明摄

2007年10月，魏家庄"菩提寺"前立面。雍坚摄

2007 年 10 月，魏家庄 47 号砖雕葵花门楣。雍坚摄

魏家庄 45 号

片区中唯一的六柱门楼

由魏家庄 43 号西行，跨过安平街街口，路北有一个六七米高的六柱大门楼，门枕石上有精致的高浮雕祥瑞图案。这就是魏家庄 45 号，规格如此高的旧式门楼如今在济南已极为罕见。

进得大门后，是左右两个二门，各通向两个四合院。左边的二门已封死，需要从 45 号西侧的 47 号绕进去，里面是一个天井特别大的四合院，东西厢房

各有 5 间，正屋下面还有地下室。最引人注目的是正门上方的葵花造型砖雕门楣，外观夸张，雕工细腻，在济南民宅中堪称孤例。

右边的二门上保留着精致的浮雕牡丹门楣。"这门楣木料可都是进口的美国松！" 2007 年 10 月，70 岁的老住户李玉贵大爷介绍说，这房子是他的父亲 1949 年从张家买下来的。穿过正屋后门，可进入后院，里面是张家的祠堂。后院再往后还有一个大院子也是张家的。

2007 年 10 月，魏家庄 45 号的超大门楼。雍坚摄

2007 年 10 月，青石到顶的安平街民居。雍坚摄

2007 年 10 月，安平街 13 号的宽大门楼。雍坚摄

安平街 13、15、20、22 号
这四个院也"姓"张

魏家庄 45 号北面的两个院的门牌号为安平街 13 号和 15 号，15 号较为狭小，而 13 号院则有宽阔高大的门楼，墀头上为"福"字砖雕。

与 13 号、15 号院相对，路东的安平街 22 号、20 号院也是一前一后两个标准四合院，都是青石墙面，青砖山墙，窗上有风格一致的砖雕窗楣，既古朴又不失精致。尤为别致的是，20 号正屋山墙上的气窗竟然是中国结造型。

据老街坊讲，这几个院子原来全是张家的。从《济南市市中区地名志》一书上可以看到，民国初年，安平街因兖州镇守使张培荣在此建宅后而形成街巷。

看来，张家公馆当年至少是一个包括七八处院落的超级豪宅。

张家公馆的主人是谁？一说是张培荣。1923 年，轰动中外的"临城劫车案"发生后，继任兖州镇守使的张培荣因镇压"匪首"孙美瑶而成名。尽管书上记载了他在魏家庄建宅一事，但魏家庄的不少老街坊认为张家公馆的主人是原山东省督军张树元（1918 年至 1919 年在任）。据家住魏家庄 45 号对门的 85 岁老人邢秀莲讲，张树元的儿子张崇刚一家新中国成立初期还住在 45 号院，邻里间都很熟。

综上推测，一种可能是张家公馆在历史上先为张培荣宅邸，后来全部或部分转让给了张树元家；另一种可能是二张家宅院相邻，外人误以为两个张家公馆是一家。

2007 年 10 月，安平街 20 号西山墙上的中国结砖雕气窗。雍坚摄

2007 年 10 月，住在同生里的陈铭哲老人为张怀芝外孙。郭学军摄

同生里 13 号
欧式楼房住过督军后人

　　同生里是市中区魏家庄街道办事处辖区西侧的一条实胡同，北起麟祥街，西邻纬一路。据记载，同生里原为山东督军张怀芝的"松菊花园"旧址。1930年，李张等四姓购买该园建住宅。李姓开设"同立锉厂"，张姓做买卖，堂号为"大生堂"，形成街巷后，取李张两姓作坊、店铺各一字，故名"同生里"。这条宽不足三米，长百米有余的小巷，古朴，整洁，幽静，至 2008 年拆迁前有 7 个院子的正屋还是颇具欧式风格的楼房，堪称济南市现存最豪华的里弄之一。

　　门楼是带"山"字牌坊的拱券大门，正屋是栋二层红砖楼，一层为地下室，窗户恰露出地面，二层则要通过外楼梯才能到达。因年久失修，房子虽有些破旧，但坚实的石基和欧式建筑风格仍透露出当年的讲究。这是拆迁前，同生里留给世人的印象。

　　"我就是在这里出生和长大的，整个院子原来都是我们家的。祖父原来在老家一所学校当校长，后来参加了国民党的部队，并当过师长。我祖父最初出钱建造的是北面的一个院子，因他常年在外地，房子建好后，被看院子的人给私下卖了。后来，祖父就又让人在这里另盖了一处院子，就是现在的 13 号

2007年10月，济南最美的里弄——同生里（自北向南拍摄）。雍坚摄

2007 年 10 月，76 岁的张国全老人住在同生里 6 号。雍坚摄

院。"2008 年 10 月，58 岁的老住户陈铭哲说，新中国成立后 13 号院部分房屋交公，只有部分房产属于他家。

陈铭哲还有一个鲜为人知的身世，他是原山东省督军张怀芝的外孙，他的母亲是张怀芝第 5 个太太的大女儿，小时候在万竹园（张怀芝的私宅，位于趵突泉公园内）长大的。在他母亲很小的时候，姥爷就去世了，他对张怀芝的了解，都是听家人说的。

同生里 6 号、4 号、2 号
三处院子原来都是一家所盖

同生里 6 号的正屋也是一座二层小楼，与 13 号不同，这座小楼没有地下室，楼上、楼下都设有回廊，木板栏上有精致的云纹浮雕，楼梯设在室外，由此上楼，只见二楼廊柱顶部的镂雕雀替依然完好。

"这个院子是我父亲当年建的。"住在一楼的 76 岁的老住户张国全热情地介绍说，他父亲名叫张骧臣，单县人，当年在济南做律师，在同生里路东盖有三处四合院，即 2 号、4 号和 6 号院。历经转手和充公，只剩下 6 号院还有几间房子属于张国全。书上所说的有"大生堂"堂号的张家不是指他家，原来 6 号南面还有户姓张的老户，估计是他们家，不过宅子已拆迁。

同生里 4 号和 2 号的建筑结构与 6

号大体相仿。4号院小楼的廊柱和板栏都涂成了红色，与楼前的绿树相辉映，显得韵味盎然。"前年，还有人来这里拍过电影！听说魏家庄一带快要拆迁了，现在经常有到这里来拍照的人。"2007年10月，住在4号院的王老太太自豪地说。

2号院内住着四五户人家，院内青砖铺地。老住户张大娘讲，这房子的用材相当结实，门窗、廊柱都是原来的，七八十年了一点不变形。

树德里3号
地楼中住过督军管家

树德里，一个听起来很传统的里弄。它位于魏家庄片区中部，老街坊都知道，其名字与民国初年山东省督军张树元有关。据说，当年整个里弄中的别墅和平房院落都是张家盖的。

2007年10月29日，81岁的张宝兰老人在树德里3号院前边的空地上晒太

2007年10月，拍过电影的同生里4号主楼。郭学军摄

阳，3号院那栋小楼里有她的家，她在这里已住了近60年。3号院大门朝北，进门后左侧是一间十几平方米的小屋。"租房的人嫌小早就搬出去了，我刚搬来的时候，这里住的是老杜，老杜的女儿如果还在世，现在也该有100多岁了。"

在张宝兰的记忆里，老杜叫杜立庭（音），他是张宝兰曾见到过的唯一与房子主人有关的人。张宝兰结婚时济南刚解放，婚后不久，她和爱人就由东关大街搬到了树德里3号院内的小洋楼二层的一间房子里住。这种小洋楼被街坊们称为"地楼"，因为它原来有上下两层，底层是地下室，一半在地下，窗户刚好露出地面。后来房管部门又在二层上加了一层，住户增多了，但楼房的样子看起来已不如原来好看。

"很多人都管地楼叫老杜家的，其实，杜立庭只是一个'管家'，他的主要任务是帮助房主看房子、收房租。他的主人就是张树元，那可是个大官。"张宝兰老人说。

树德里 13 号、11 号
这三栋豪华地楼也是督军家的

由3号院转出来，在树德里中段路西的13号院，还有一南一北比邻而建的姊妹"地楼"。它们外观类似现在的别墅楼，底层都周边包着蘑菇石，屋顶上有小巧的老虎窗。尤为引人注意的是，北楼有两面南北对称的山墙，别出心裁的山墙气窗掩映在梧桐叶下，显现出古典

2007年10月，树德里13号南地楼。王晓明摄

2007 年 10 月，树德里 13 号北地楼东山墙。雍坚摄

而凝重的欧式风韵。

由于年久失修和地下室进水，这对姊妹楼上住户已很少。楼壁上所保留的"高举毛泽东思想伟大旗帜"等革命语录尚清晰可辨。老街坊们说，楼里原来都是木地板，非常讲究。

与 13 号斜对面的 11 号，还有一幢造型别致的地楼，里面没有很老的住户。2007 年 10 月，在此住了 20 多年的米先生说，他的房间里还铺着当年的地板。

在以上这几栋"地楼"周边，还散布着几处平房院落，由于后来进行了改建，如今看起来规格已不是很高，房屋建筑年代也较为混杂。

"整个树德里的楼房、平房，以前都是张家的。那会正对魏家庄的里弄口修有大门，门洞子很大。听老杜说，张家后来和别人合伙做生意被坑了，部分房产被抵押了出去。"张宝兰老人说。

家住魏家庄 46 号的邢秀莲老人和张宝兰亲如姐妹，2007 年，85 岁的她回忆说，树德里的房产在解放前就早已不单属张家所有，其中有一部分归属于苑（音）家，苑老大从事玻璃行业，苑老二则是鲁兴银行行长。

1982 年《山东省济南市地名志》一书记载：民国初年，山东省督军张树元在此建楼六幢，平房五处，赠予其姐夫王其凤的后代，王其凤对张有举荐之恩，张树元为感恩报德，取街名为"树德

2007 年 10 月，树德里 11 号地楼。雍坚摄

里"。不过，树德里的老街坊们均记不得街上曾有过王家的房产。这让人不得不对张树元的赠房故事产生疑问，如果房子建好后都赠给了王家，为什么街坊们还会说这房子是张家的呢？

民康里 5、9、10、12 号
四座民宅原是吴督军旧宅

民康里位于魏家庄中部，是树德里西侧的一条南北向小巷。不少热爱摄影的朋友都知道这条深藏于魏家庄的小巷，因为这里不仅有气势宏伟的四合楼建筑群，还有陕西督军吴新田的旧宅。

由民康里南首开始，里弄两侧依次可见 4 处旧式民房民居，其中，9 号、10 号、12 号院院落完整，5 号院的院子被楼前添建的现代楼房占去大半，仅剩正屋容貌如旧。

值得注意的是，这四处老院在正屋的建筑风格上如出一辙，均为前出厦、带回廊结构，廊下板栏装饰相同。9 号、10 号、12 号原始大门两侧的墀头砖雕虽然图案各异，但风格一致。

2007 年 10 月，84 岁的范玉兰老人住在 10 号院的正屋中，是整条街上最年长的"土著居民"。她说："我是 1924 年出生，从 19 岁出嫁开始就在这里居住，婆家姓隋，这个院子当年是我公公从别人手中买下来的二手房。原来没有地下室，听说五三惨案那年（1928），在东屋下临时挖了地下室，以躲避炮弹袭击。"
对于房子的原始主人，她回忆说已想不
起来了，只大体知道这里的几处平房院
子原来都属于同一家人，他们家已没有
后人在这条街上居住。

9号院的男主人今年五六十岁，他
回忆说，从祖父辈开始，他们家就在此
定居，但房子最初也是从别人手里买来的。

《济南市市中区地名志》记载，民
康里最初因陕西督军吴新田在此建宅多
处而形成街巷。据此可推断，民康里5
号、9号、10号、12号现存旧式院落当
为吴家旧宅。

民康里6号、4号

前后四合楼极尽豪华

更为令人称奇的是，民康里中段路
东的那组高大的四合楼建筑群。这组建
筑由前后两座四合楼院落组成，前院门
牌号为民康里6号，为济南市曲艺团驻
地。后院为民康里4号，门口挂着济南
市建筑材料集团总公司第六综合供应公
司的牌子。

前后两座四合楼的天井四四方方，
空间开阔，四周建筑则极尽豪华，气势
非凡。在建筑风格上，体现出典型的中

2007年10月，民康里9号。雍坚摄

2007 年 10 月，民康里 4 号院内。王晓明摄

西合璧色彩，如前楼的正门口有西洋建筑中常见的爱奥尼克立柱，而门楼则是很传统的旧式门楼式样。后楼的天井中植有葡萄架，坐在方形天井中，绿叶、蓝天与周围的彩绘红柱交相辉映，令人陶醉。"天天有来拍照的人，《济南战役》《燕子李三》都在此取过景。"看门人介绍说。

据了解，这种前后对称的四合楼老建筑，在济南范围内如今已成孤例。关于四合楼的身份和建筑时间，不少记载都有出入。据耿全先生考证，这里是历城道院（山东道院）旧址。"历城道院成立于 1928 年，同年 11 月设施诊所，

1931 年 7 月自称山东分会，1932 年 7 月又改为历城道院，1942 年为红卍字会济南办事处附设医院，1944 年历城道院自行改组成立山东道院。其址位于济南市民康里 4 号、6 号。历城道院原租借陕西督军吴新田在民康里所建的宅院，后于 1932 年 7 月开始筹建新院。最早建成的是后院，建于 1935 年，前院建成于 1942 年。"

耿全的考证与老街坊的口述历史大致吻合。2007 年 10 月，八旬老者刘先生回忆说，日伪时期这个四合楼曾叫万国道理会，后来曾设有道化小学。民康里 10 号的 84 岁老人范玉兰回忆说，这

2006 年 10 月，中西合璧风格的民康里 6 号大门。雍坚摄

两栋四合楼不是一个时期建的。后楼早，前楼晚。记得大女儿出生后，她经常在新建好的前楼前看孩子。当时红卍字会的头儿当过民政厅长，就住在路西5号院平房中。由此推断，前楼的建成时间当在1943年左右。

另据了解，历城道院、山东道院都是济南道院的分支机构。1921年，杜秉寅、刘绍基等人在济南创设济南道院，翌年，济南道院成立"世界红卍字会"，20世纪二三十年代，"世界红卍字会"一度成为一个波及全国乃至日本、南亚诸国的慈善组织。

中国电影院
20世纪50年代的民族风格建筑

原位于人民商场东侧的中国电影院，建于1954年8月，占地1000平方米，是新中国成立后，济南市最早兴建的具有民族风格的电影院建筑，大屋顶，琉璃瓦，檐角高翘，气势宏伟，票房收入多年保持在全省前十位。自20世纪90年代以来，因前脸被高大的广告牌所遮蔽，不少年轻的济南市民都淡忘了这座历史建筑的昔日容颜。

2009年3月22日，有关中国电影

2009年3月，拆迁中的中国电影院。雍坚摄

义利洋行旧影。
据《图说济南老建筑》

院正在拆除的消息第一次见诸报端。当时，很多人闻讯赶到现场，一睹这座老电影的最后风貌。"它的屋顶横梁跨度达24米，全是木结构，一根柱子都没有，很令人吃惊。"闻讯赶至现场的建筑专家姜波介绍说。

在一片叹惋声中，中国电影院于2009年4月被拆除。山东建筑大学出资将原先电影院的前门脸处的立柱、额枋、琉璃瓦等建筑构件拉回校内雪山脚下，在保留原件和添加结构之后，建成一个景观小牌楼。2009年9月底，中国电影院牌楼修复工程正式竣工。

义利洋行
和老火车站同龄的德式建筑

1911年，当津浦铁路济南火车站正在紧张施工的时候，在距火车不远的经二纬一楼口，由德商德伯雅投资兴建的一栋占地约500平方米的德式商业建筑也正式破土动工。它就是义利洋行，建成后以经营日用杂货为主。

1992年7月，津浦铁路济南火车站在一片唏嘘声中被拆除。16年后的2008年7月，老火车站的同龄建筑义利洋行开始实施拆迁。这栋侥幸多活了16年的德式建筑，重蹈了老火站的覆辙。

在20世纪八九十年代，每逢周末，经二纬一路口是一个自发的集邮市场。义利洋行当时为济南市邮政局的报刊零售公司，这个有着双重屋顶的洋楼给济南人的印象是庄重典雅。2003年12月，市中区文化局向社会公布了辖区内38处登记保护的老建筑，其中就包括义利洋行。5个月后，一场意外的火灾却将义利洋行屋顶焚毁。大火后，市中区文化局等部门对这栋老建筑及时进行了整修，很多热爱济南历史的人们都以为，这是政府部门决心长期保护义利洋行的信号。

然而，2008年7月初，却传出义利洋行正在拆除的消息。当时，面对媒体的采访，市中区文化局的一位负责人说："被列为登记保护老建筑不等于认定它是文物……像义利洋行这样的就属于可拆可不拆的。如果这么多建筑都要保留，那魏家庄片区就没法拆了！拆除义利洋行是按照片区整体规划来的。"

这种解释实在难以自圆其说。在一篇时评中，作者陈强质疑道：那么请问，既然如此，这座建筑当初又为何被"登记保护"？保护的到底是什么……难道保护的是它下面价值不菲的"地皮"？

宏济堂中号
几乎被遗忘的老字号建筑

在济南，提起国药老字号宏济堂，几乎无人不知（详见后文《经二路295号五里沟老字号——宏济堂》）。而提起宏济堂中号，却没有几个人明白它在哪。宏济堂中号即开设于1935年的宏济堂第二支店，位于经二纬一义利洋行东侧不远。之所以声名式微，是因为在2008年魏家庄片区拆迁前，它早已租给"杰克缝纫机"用。从前脸看，宏济堂中号是一栋西式建筑，而转到侧面发现，仅

2009年3月，留守在原址的宏济堂中号。雍坚摄

2006 年 6 月，宏济堂中号后院耸立的角楼。雍坚摄

2009 年 3 月，宏济堂中号外观（由南向北拍摄）。雍坚 / 摄

仅是临街的二层中式砖楼添加了西式门脸，这种中西合璧风格代表反映出当年人们对待中西方文明的一种微妙心态。除临街前楼外，宏济堂中号还有后楼和院中角楼等建筑。

拆迁前的很多年里，宏济堂一楼店内就被改造为缝纫加工店。但推开壁橱，里面藏着的依然是当年的药柜。穿过一楼门面房可进入宏济堂中号的后院，只见南屋为小瓦花脊的二层青砖楼，本来就不大的天井中则矗立着一座三层高的角楼。站在角楼之下，有种很强烈的"被压迫"感。

2008 年，伴随着魏家庄片区的拆迁，宏济堂中号的去留问题也引发社会各界关注。虽然宏济堂中号很快便腾空了，

2007 年 10 月，永盛街。雍坚摄

却意外在原址留守了很长时间，据说要易地重建。直到 2009 年 11 月底，从经二路经过的人们恍然发现，宏济堂中号不知何时已悄然被拆，破碎的砖瓦一片狼藉……

余之音

意外的契机

1991年，笔者在济南读大学期间，一次，顺着人民商场西侧的斜街（麟祥街）绕到人民商场西北侧的一条窄街中，在此看到一堵石砌院墙建在鹅卵石地基上，感到颇为奇特。由于不了解济南的历史，当时甚至猜测，这是不是济南的城墙根遗址？

2007年10月，时隔16年后，笔者再次在魏家庄一带走访时，又见到了当年的石墙，感觉分外亲切，此时才知道这条街叫永盛街。原来，民国初年，商人李景成在此建宅，形成街巷，居民渴望永远繁荣昌盛，故取名"永盛街"。在魏家庄片区，每一条小街的名字都有一个故事，每一条小街的老街坊们都能讲出不见于记载的"地方史"。一个街区的文化和历史，其实就沉淀在这些小街古宅老街坊们之中。

本文所叙述的老房子，仅是魏家庄片区中的一部分，多数涉及的是那些与北洋新贵有关联的宅院。在魏家庄片区一带，还有老玉记扒鸡、老美华理发店等老字号的历史未加详述。2009年春，笔者在魏家庄片区看到，除同生里还有一户老院落暂时未拆外，整个片区中仅剩下位列市级重点文物保护单位的山东道院旧址留在原地。

同年夏，考古人员在魏家庄工地发现数座汉墓，先后出土仙鹤踏龟博山炉、铜印等高档次的随葬品；而距魏家庄不远的大观园20世纪50年代和90年代也曾发现高规格汉墓，由此可以设想，汉代时此处可能是一个范围很大的墓群所在地。当时的济南郡（国）治虽然尚在平陵城（位于章丘），但历城县治在现在的济南古城区西南隅。那一段历史如何，志书鲜有记载。

魏家庄汉墓群的发现，可以说为研究历城的汉代史揭开了一角面纱。但它，又怎能弥补义利洋行、中国电影院及数个豪宅大院的消失所带来的遗憾。

2012年年底，济南老火车站设计师菲舍尔的孙女西维亚来济，她带来了清末民初菲舍尔所设计的多座济南建筑照片。在那组照片中，笔者赫然发现了义利洋行……

魏家庄的豪门大院

民国初年，新建成的义利洋行。菲舍尔摄

五里沟

的最后印象

◈ 街区地标：五里沟

◈ 街区特质：民居老字号

◈ 拆迁时间：2007 年

1947 年《济南市街道详图》上的五里沟一带

1982 年《济南市区街道图》上的五里沟一带

2006 年 8 月，五里沟东街南口。雍坚摄

再 回 首

五里沟，原是济南城西的一个小村落，约形成于明代。明崇祯《历城县志》首次出现"五里沟"之村名，位于关家营（今官扎营）南。之所以叫这名字，一则因为该村距济南城 5 里左右，二则因为该村东侧有一条天然排水沟——五里沟。

百年前的"城中村"

在近现代史上，五里沟是济南商埠区中的一个显著地标，甚至一度是济南商埠的代名词。因为在 1904 年济南自主开埠后，五里沟作为商埠中的一个"城中村"被保留了下来。五里沟的位置大致处于今天由经一路、经二路、纬六路和纬五路所围成的方格之中，其实，它当初并不是四四方方，譬如，今天纬五路东侧的万紫巷商场一带，据说当初占用的就是五里沟村的地。

五里沟百年前之所以被当作"城中村"保留下来，一则因为庄内聚居者众多，拆迁成本太大，二则因为这里地势低洼，一到夏天就容易积水，没人看好对此庄的改造。民国二十五年（1936）的《市政月刊》中曾记载，这一年，"五里沟庄公民赵文凤、张九龄等人呈请政府速修水沟以弭水患",将庄内一条排洪明沟修为涵洞,形成一条贯穿经一路和经二路的南北小巷。1956年,这条小巷被命名为五里沟东街,而庄内原有的东西街自此称为五里沟西街。这种街巷格局一直维持到2007年夏天五里沟拆迁。

本书所述的五里沟片区还包括发祥巷。发祥巷是纬六路东侧的一条南北向小巷,南起经二路,北至经一路。这条街位于五里沟西邻,原来是五里沟的场院地,开埠后,居民逐渐聚居,形成一条贯穿经一路和经二路的土街。因街北端有个"发祥马车店",街坊们习称此街为"发祥街"。1980年整顿街牌时,因与市中区发祥街重名而改称"发祥巷"。

第一次走进五里沟

2006年8月7日,朋友邀我去经二路宏济堂西号拍照。为了拍摄宏济堂西号的后楼,我绕到该楼西侧的五里沟东街。那是我第一次走进五里沟村里,只围着宏济堂转了一圈,五里沟给我的第一印象就是,街道狭窄,房屋简陋。出于职业的习惯,我还是对着五里沟东街按动了几下相机快门。当时,五里沟东街刚刚贴出"拆迁冻结通知",落款时间为2006年8月4日。

直到半年后的2007年3月,朋友再次邀我去五里沟拍照时,我才对这个尘封百年的"城中村"刮目相看。当时,由我负责策划的《老济南》专刊虽然已经创刊,但我并没有意识到应该为这个老街区做一期专题以为留念。几个月后,当我腾出工夫想对五里沟做专题报道时,这里已拆干净了,时间是2007年七八月间。此事让我心中隐隐遗憾。所幸,我在个人博客上把在五里沟一带拍照时所见所感及时做了记录,名之为《调查五里沟》,而这,为日后回忆五里沟提供了参照系。

2007年3月,五里沟西街的大宅门。雍坚摄

2007年3月，五里沟东街28号座山照壁。雍坚摄

老 房 子

"五里沟一带地势低洼，逢雨便积水，过去都是混穷的人居住的地方，没有特别富的大户人家。村里一共两条主要街道，那就是五里沟西街和五里沟东街。因为没有大修大建，现在还有几处老门楼。"2007年3月，78岁的老街坊张凤翔老人介绍说。

五里沟东街28号、30号
济南民居之小家碧玉
——季家老院

蓝天，白云，青砖，香椿，浮雕般的座山影壁，这是2007年3月，五里沟东街28号季家老院呈现给世人的一幕。

季家原来是生意人，在万紫巷开有自己的门面。28号季家老院位于五里沟东街东侧，大门坐北朝南，是一个传统院落。小瓦花脊、磨砖对缝的旧式门楼，虽算不上气派，却精致得很，墀头上有精致的砖雕。左边是松鹤延年、福禄（鹿）常在，右边是喜（鹊）上眉梢。旧式门楼里面是一个四合院。进大门后，影壁右侧是一个二门，二门以内原来还有一个小影壁，拆掉了。

当时，季家后人恋恋不舍地说，他们也准备录录像，留个纪念，拆了就再

也回不来了。那一天，阳光透过香椿树后，在他家屋前所晒的被子上留下了树影，一切显得那么温馨和自然。"这个四合院的西屋下面还有地下室"，季先生说，解放前打仗时，听见炮响家人就钻进地下室避险。

从正屋前的四合院往东看，有个狭窄的过门，过门东面是一个跨院，跨院的建筑规格比正院又差了一个档次，可跨院中的两棵石榴却很成形，像两个跳舞的女子。

季家后人说，紧挨着大门南面的30号那个院子以前也是季家的，后来盘给了别人。30号院门楼更加简易，但门上是个民国时期流行的"山"字牌楼，门板上还保留着"文革"结束后题写的对联："四化蓝图美，九州春色新"。

另据了解，季家大院建于1928年。当时的五里沟东街尚未建涵洞，还是一条真正的泄洪沟（五里沟）。由此可推断，沟东至少在20世纪20年代已经成为聚居区了。

五里沟东街 16 号
"棚户区"中的老门楼

片区拆迁前，在五里沟西街西首路南，有一个旧式门楼，墀头上刻着中国结，也就是现在联通的标志图案。因为地处低洼地带，五里沟西街的门楼地基都普遍高于街面，有的人家还在门外挡了一排阻水砖。

相对而言，五里沟东街的房子要比

2007年3月，五里沟东街30号门楼。雍坚摄

2007年3月，五里沟唯一的青砖绣楼位于东街16号。雍坚摄

2006 年 8 月，从五里沟东街回望宏济堂后楼。雍坚摄

西街规格高一点。除了东街 28 号季家以外，它北面的东街 16 号院同样可圈可点。引人注意的首先是旧式门楼上的现代对联。上联：无产阶级专政万岁；下联：人民战争胜利万岁。16 号院子有点破，但房子规格并不低。正屋前出厦带走廊，廊下还有精致的挂罩。并且，16 号院西北角是一个二层小绣楼，它是五里沟当时唯一的小砖楼。

拆迁前，东街还有很多传统门楼上保留着"革命"痕迹，黑漆大门上用黄油漆刷着标语，诸如"马列最伟大，世界正归心""国登强盛境，人过幸福年"等，据说是粉碎"四人帮"之后由街道办统一刷上的。

经二路 295 号
五里沟老字号——宏济堂

让济南人对宏济堂刮目相看的是电视剧《大宅门》的播放，剧中主角白七爷白景琦就是在济南打出的天下。这位赫赫有名的白七爷真有原型，那就是济南宏仁堂创始人乐敬宇。当年，宏济堂与北京同仁堂、天津达仁堂齐名，号称"江北三大名堂"。

泉城路上的宏济堂是宏济堂的总店。除总店外，当年，宏济堂还在济南商埠的经二路还开有两家支店，其中，第一支店又称宏济堂西号，位于五里沟南侧的经二路 295 号，开于 1920 年，

1924 年至 1928 年间翻建为中西合璧风格的楼房。

这是一个原汁原味的中药老店，家具以紫红色为基色，进门后是古朴厚重的实木柜台，左右则是镶着木框的旧式水银镜，头顶是旧式的吊灯。在柜台里面，贴墙是古香古色的药柜和雕花药架，草药和成药各有分区。

沿着柜台东侧的木质楼梯上到二楼，这里被一道隔断分为前后两个区域，前区堆放着数个久已不用的药筒，上面写着枯萝、益母草等中草药名。

西号后院的天井只有巴掌大小，东侧有一个弃置不用的旧式电梯楼，西侧是可通往北楼和南楼的露天楼梯。同临街楼的西式风格所不同，后楼是一个青砖楼房，与前楼组成那个时代特有的前店后坊结构。后楼虽然只有两层，但明显比济南老城区寻常所见的青砖小楼高得多。因为后楼处在一个南高北低的位置上，片区拆迁前，从北面的五里沟回看后楼，愈发觉得其高耸。

2007 年 3 月，蓝天白云下的宏济堂西号。雍坚摄

2007 年 3 月，经二路 319 号临街楼。雍坚摄

经二路 319 号
宏济堂西侧的深宅大院

在宏济堂西号西侧，沿经二路还有三座临街房，2006 年，它们都被划入冻结范围之内。这里法桐参天，给人的感觉有点古典。

从东往西数的话，首先看到的是两座商埠建筑。第三座，也就是门牌号为经二路 319 号的五开间二层小楼最为引人注目。进去一看，更让人惊讶，这竟是一个前店后宅式的三进大院，占地规模比宏济堂西号规模要大出一倍，如此规模的前店后宅式建筑在经二路沿线并不多见，瑞蚨祥是一个特例，经二路319 号也是一个特例。

从楼房中间的门洞穿过去，要经过一道旧式门楼才能进入第二排院子，由于东西空间有限。这个正房出厦的院子只有一个不大的四方天井，院中仅一棵香椿树。

绕过第二排房子，从前院转至中院，这里面积更小，没有东西厢房，北侧的第三排房子是个穿堂屋，墙面为不规则石块砌成。穿堂屋后是后院，这里空间竟格外大，正屋的房子建得也不错。可惜的是，当时没找到原房主的后人，据前楼上的住户说，这个大院解放后就归公了，他也不知道以前是谁家的。

20 世纪 50 年代的高档居民楼

虽然小巷上棚户区不少，位于中段偏南的发祥巷 8 号铁路某宿舍可谓是街上最高档的住宅。

发祥巷 8 号由两幢二层红砖小楼组成，20 世纪 50 年代初期建筑。用建筑学者的话说，当时的设计者还是民国时期遗留下来的设计师，所以，建筑从造型到结构都比较美观适用，比 20 世纪六七十年代流行的筒子楼好多了。

该楼二层上有个起装饰作用的米黄色假门，门口的高大杨树高过了楼顶，透露出浓浓的生活气息。院内虬枝盘旋的槐树枝扶摇直上，如同卫兵一样陪伴着这座 50 多岁的红砖小楼。2006 年，一楼住户张先生说，他就出生在这个楼里，这楼，别看 50 多年了，楼板结实得很，比现在的新建筑强多了，很多 90 年代的楼房现在都开裂得不像样子了，还是那时候的活瓷实。

2007 年 3 月，发祥巷 8 号院内红楼古槐。雍坚摄

余之音

不可移动之移动

2007年，是宏济堂创立一百周年。这一年，宏济堂西号为了继续留在原地，与有关部门进行了反复的"拉锯"。最终，有关部门采取了折中方案，将宏济堂进行平移保护。

平移活动于2008年5月正式开始。笔者也应邀参加了这个盛大的启动仪式。此次平移，规模比2005年济南市第一次平移纬六路老洋楼还要宏大，众媒体都给予了高度关注。

当很多人热烈欢呼济南文物保护找到了新模式时，也有人从中察觉出了其中的"异样"。我的一位朋友在一篇时评中写道：这座建筑在2003年被文物部门确认为不可移动文物。"不可移动文物"都可以随便平移，正是近些年来经济利益与历史文化保护之间博弈的结果。

2008年5月6日，宏济堂西号平移现场。雍坚摄

经一路

两侧的历史建筑

- 街区地标：经一路
- 街区特质：洋楼、日式建筑、传统建筑
- 拆迁时间：2004 年

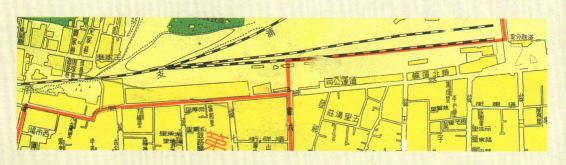

1947 年《济南市街道详图》上的经一路沿线

民国初年的经一路。

再 回 首

2004 年，是济南开埠百年。这一年，开埠之初修建的经一路开始拓宽。

"一大马路"的历史

在济南商埠区的东西干道中，这里曾是唯一一条铺设泰山花岗岩的石板路，也是唯一一条设有德国标准排水设施的道路。老济南习惯上称之为"一大马路"。当年，在街上两侧，欧式风格的胶济铁路济南火车站、济南电报收发局及应运而生的洋行、客栈、西式别墅等为传统的老济南带来一股西洋气息。

拓宽改造前的经一路横跨槐荫区与

市中区的北部（东首还属天桥区），北邻京沪铁路，南邻经二路，东起馆驿街西口，西止纬十二路。济南开埠之初，勘定商埠范围时，"东起十王殿，西抵北大槐树"，这一东西界限，正是经一路的两端。

2004 年，经一路拓宽改造前，路上经常能看到三轮车。王晓明摄

317

2009 年 11 月，经一路上的 20 世纪 50 年代优秀建筑山东宾馆。雍坚摄

2003 年 12 月，经一路拓宽改造前夕的沿街民居有各式各样的门楼。王晓明摄

据 1914 年《济南指南》记载，当时的商埠，"其地以东西为经，南北为纬，已修之马路有三，自北而日辟于南也，已分之纬路有八，自东而条数及西也。而尤以一马路、二马路及纬三、纬四诸路最为繁富"。由此可知，经一路在建成初期便已人气很旺。

洋楼、宾馆、仓库尤其多

因为是济南开埠后最早开发的一条干道，经一路两侧的西式建筑比较多，老百姓习称为洋楼。细分起来，有交通邮电类的，如原胶济铁路济南站、老电报局大楼；有商用楼，如原德国某洋行；还有住宅、公寓类的，如欧式别墅。

又因为靠近火车站，拓宽改造前的经一路两侧宾馆、仓库也比较集中。据李默先生回忆，在20世纪70年代，"要属山东宾馆规格最高了。其他的，也就是'第一宾馆'和一些单位招待所如铁路招待所、银行招待所、济南军区招待所、空军招待所"。此外，"从纬四路口开始，往西行纬五、纬六、纬七路的马路北侧都是铁路货场的进出口，济南市所有的货运物资都由这里运进、运出，所以一大马路沿途还有好几个大型的仓库、运输公司或者车队，像纺织品仓库、食品厂冷库、粮食仓库、日用品仓库以及天桥底下的药品仓库、副食品仓库、水产冷库等"。

老房子

2003年底，经一路即将拓宽改造的消息传来。时隔百年，当年十多米宽的"大马路"越来越不适应现代都市发展的需要。开街，势在必行。而那些见证百年历史的周边建筑何去何留，当时牵动着无数老济南市民的心。

经一纬三路口东北侧
胶济铁路老火车站

经一路拓宽前，位于经一纬三路口东北角的胶济铁路济南火车站为济南铁路局机关使用，在津浦铁路济南火车站于1992年7月被拆除后，始建于1914年的胶济铁路火车站便成了济南现存最宏伟的火车站建筑。该火车站东西向布局，

20世纪30年代，日文明信片上的胶济铁路济南站。

中部为高大的候车大厅，底层砌以蘑菇石，二层石柱廊由六根粗壮的爱奥尼克石柱支撑，气势非凡。因主体建筑距经一路较远，2004 年，这座省级历史优秀建筑幸运地被划在拆迁建筑名单之外。

位于老火车站东邻的是一座造型别致的欧式办公楼，孟沙式屋顶和大老虎窗显示出其身份的卓然。据张润武、薛立著《济南老建筑（近代卷）》一书记载，它始建于 1909 年，原是德国山东铁道公

司的办公用房，1915 年后曾作为日本济南宪兵分队司令部。

这座办公楼与老火车站在建筑风格上和谐一致，构成完整的统一体。据悉，由于紧挨马路，该建筑一度被划入拆迁名单。后经专家组几次磋商，该办公楼终于得以存留下来。济南铁路局随后对该建筑进行了"修旧如旧"，现在看起来，该建筑更有西洋味道，成为经一路边的一座景观建筑。

2009 年 11 月，修旧如旧后的原德国山东铁道公司的办公用房。雍坚摄

(行發堂文瑞開青) THE JAPAN POSTAL BUREAN CHI-NAN 局便郵本日南濟

20 世纪 20 年代，经一路老电报大楼为济南日本邮便局。

经一纬三路口西北侧
瘦身平移的老电报大楼

与原胶济铁路火车站隔车站街相对的是济南现存最早的电报收发局建筑，门牌号为经一路 93 号。据记载，该建

2003 年 12 月，老电报局大楼。王晓明摄

筑始建于 1904 年，时称济南府电报收发局。1929 年后，一直作为车站邮局，部分改为招待所使用。济南人都习惯上称之为老电报大楼。老明信片显示，该建筑在 1920 年前后曾作为日本邮便所使用。1928 年的航拍显示，此建筑北面又补建了一幢东西楼，风格与原建筑相似，不经意看，很难发现个中差异。

这座呈"L"形布局的建筑东西沿经一路、南北沿车站街各长 30 来米，建筑面积 1100 多平方米，建筑从基础到顶端均以石材为主，坚固耐久；圆形窗洞、圆柱状角楼及曲线柔和的窗楣所体现出的是典型的巴洛克建筑风格。

在 20 世纪 30 年代出版的明信片上，老电报大楼的样子比 2003 年要帅气得多，照片上角楼上方饰有黑色的盔顶，

322

盔顶上有细长的避雷针，远远看上去，像一个威猛的武士。可见，那时候它已经是妇孺尽知的地标性建筑物。

老电报局路南正对的是近年来新建的济南铁路局会议中心，按经一路拓宽改造标准，两者至少要去其一。这座见证济南历史进程的典型城市设施面临消失之际，引发市民对它的关注。后在社会各界的一片保留呼声中，有关部门终于修订了方案，最终确定对老电报局大楼进行"瘦身"平移。也就是把这栋建筑的南北跨度缩掉 13 米，以实现整楼的北移 13 米重建。

经一路 111 号东侧
不明身份的德国洋行

2004 年经一路拓宽改造前，由老电报局西行不远，在经一路 111 号东侧有一栋外观俊朗的欧式建筑。原来，这里曾经是一家德国洋行。该洋行主体建筑为坐东朝西的二层楼房，拱券门玻璃窗，正对经一路的南山墙开有多面条形窗。大门开在山墙西侧，门东为临街五间门头房。整个建筑没有精雕细琢，给人的感觉是疏朗大方。据不完全统计，1904年至 1945 年，德国人在济南开设的规模

2003 年 12 月，经一路 111 号东侧的某德国洋行。王晓明摄

2003 年 11 月，经一路 168 号德式别墅。王晓明摄

较大的洋行有 45 家之多，多集中在商埠区。这家洋行当是其中之一，至于它当初是什么名字，不得而知。

2004 年 2 月中旬，经一路 111 号的东侧的原德国某洋行已拆除了主体建筑西侧的门头房。该楼主体建筑随后被全部拆除。

经一路 168 号
德式别墅备受瞩目

经一路 168 号曾是济南铁路局 22 宿舍，在那里，完整保留着一栋典型德国风格的别墅住宅，高大的山墙、精巧红瓦屋面、复杂的装饰显示出，当年主人身份的不同。

"这个别墅大着呢，加地下室共有 3 层，如今住着 14 户人家。当年别墅的一层地下室是储藏室和厨房，二层是两个客厅和书房、盥洗室，三层是 5 个卧室。别墅左前方是鸽子楼，正前方是花园，右前方建有供下人居住的公房。"2003 年 12 月 23 日，在别墅中住了 50 多年的蒋连珠先生介绍说。

他家的地面全部为木制地板，墙围子则用褐色的木板围成，从地面到天花板有近四米高。

别墅的主人是谁？据蒋连珠讲，20 年前，有一对八旬老夫妻来济南旅游时曾专程到这里来看故居，那个老先生当年是为日本人做事的华人高级工程师，房子则是依照德国风格建造。另据别人介绍，这栋豪华的德式别墅的原主人是当年济南铁路上的一位站长。究竟真相如何，待考。

"这栋别墅如果好好修缮以一下，是一个很不错的景致。"蒋连珠说。可惜，两个月后，德式别墅变成了断壁残垣，我路过现场时，只见几个民工正忙着往马车上装运石料和砖块。

经一纬四路口西南侧
拍过电影的大型客栈

位于经一纬四路口的济南铁路局第一单身宿舍是一个由三纵三横6栋楼房组成的建筑组群，当年是一个大型客栈，里面的建筑及装饰古香古色，据老街坊介绍，电影《七十二家房客》曾在此拍摄。

2004年，因经一路拓宽，这组完整

2004年春，经一纬四路口大型客栈建筑。王晓明摄

2004年春，原经一纬四路口的大型客栈建筑内景。王晓明摄

2002 年 6 月，胶济铁路高级职员宿舍俯瞰。王琴摄

的宿舍建筑被迫"截肢"，拆掉了临街的前楼。现在，从经一路经过，一眼就能看到这座残存的建筑。

此外，经一纬二路口南的三角地是胶济铁路德国高级职员的公寓，这处公寓由四幢二层楼房和一处平房组成，是济南现存最早的典型的高级公寓（原始规模还要大，1980 年纬二路拓宽时，拆除部分建筑），电视剧《大雪无痕》拍摄时曾在此取景。据说，当初有关部门也曾设想借经一路拓宽把这处公寓区加以改造，但未予实施。后来，该公寓的动迁一波三折，有签完协议搬走的，也有坚持不搬的。2013 年 12 月，济南市政府将其公布为市级文物保护单位，其整体去留情况才最终尘埃落定。

2009 年 11 月，经一纬二路口南侧的胶济铁路高级职员的公寓。雍坚摄

经一路

147号、110号、29号

几处鲜为人知的日式建筑

除德国人兴建的欧式建筑外，经一路上目前尚存有不少日本人兴建的带有简约风格的洋行、客栈及居所。

位于经一纬五路口西侧的大丸洋行便是其代表之一。该洋行为十二开间的二层临街楼，建筑为石头到顶，乍看上去，与中国传统建筑颇为类似，只是省去了前出厦结构，由门洞进入院内，才发现楼后设有走廊，拱形门洞镶有木栏杆。

这座门牌为经一路147号的日本洋行建筑在经一路拓宽中被拆除。

2004年1月，拆除中的日本大丸洋行。王晓明摄

经一路两侧的历史建筑

2003年12月，经一路29号日式院落内景。王晓明摄

2003 年 12 月，经一纬十附近的七开间临街房。王晓明摄

位于经一路 29 号的六开间二层青砖小楼拆迁前是一家旅馆，经询问，这里原来是一处日式院落，楼后回廊、楼梯极为讲究。

该建筑在经一路拓宽中被拆除。

经一路 110 号当年是日本人开设的客栈，临街为九开间二进间的二层青砖小楼，前后均不出厦，门洞也未作过多修饰，由门洞内的木制楼梯上去，二层中为走廊，两侧为大小相等的单间客房。这种日式客栈在当代济南已寥寥无几。2004 年，经一路拓宽中把这个客栈削掉了一半。

经一路 129 号
前店后宅的中式建筑

由于地处交通枢纽的重要位置，经一路两侧当年是外商扎堆的地方，加之受西风东渐的影响，纯中国传统样式的建筑在这条街上较为少见。

保存至拆迁前的经一路 129 号是一处前店后宅式院落，临街为五开间二层青砖红瓦小楼，中为穿堂屋，门楼依传统设在东面，进门后正对的是座山影壁，由此左拐是一处规格颇高的四合院，东西厢房前均设有回廊，正屋作过改动，已不见前出厦样式。临街楼二层设有木质回廊，栏板及装饰体现出明显的传统风格。

此外，在经一纬十附近还有一栋七开间的二层中式砖楼，顶覆小瓦，透风脊中间残缺。在其拆迁前，几经查证，都没有搞清其最初的使用单位。2018 年，经朱晔先生确认，此建筑为日商满洲磨坊（济南面粉厂前身）所建，当年一楼是营业房，二楼为日本人宿舍。

经一路 220、232 号
20 世纪 50 年代的建筑

除了那些有近百年历史的老建筑外，位于经一路两侧的 20 世纪 50 年代所建的一些典型建筑同样具有保护价值。

与老火车站隔路口相对的是民族特色独具的山东宾馆。幸运的是，这座被列为省级历史优秀建筑的楼房被保留了下来。而其他几处 50 年代建筑则没有这么"幸运"了。如位于经一路 220 号的烟业批发公司仓库是一栋前后出厦、体量颇大的特色建筑，位于经一路 232 号的某公司宿舍为"L"形布局的三层红砖楼，它们均建于 20 世纪 50 年代，代表了那个时代的建筑风格。在经一路拓宽改造工程中，它们都成为了历史。

2003 年 12 月，经一路 220 号仓库建筑。王晓明摄

2009 年 11 月，"瘦身平移"后的老电报大楼。雍坚摄

老电报局大楼之"嬗变"

2004 年 7 月 1 日，老电报局大楼开始编号拆除。2005 年 10 月 28 日开始复建。当时，笔者在复建现场了解到，从建筑结构上看，复建后老电报大楼最大的变化是，由原来的砖石混合结构变为框架结构。原始外墙厚约 55 厘米，内砖外石结构。复建时，新建外墙的石材将全部采用拆下来的原始垛口石和蘑菇石，砖块则用现代烧制的红砖所取代，因为原始砖块经过百年的剥蚀，已不适合再用了。

老电报局大楼原来是一个以中间圆柱形角楼为轴，两翼基本对称的近代建筑。瘦身后，它将变成一栋东西长、南北短，呈"L"形的建筑。一位施工人员透露，受空间制约，复建后的东西向楼体在宽度上也作了"瘦身"，保留的宽度为 7 米左右。至于比原来瘦了多少，他也说不清楚。

另外值得一提的是，大楼复建后内部装饰不再复原。据记载，"老电报大楼营业大厅为井式梁架结构，北为柜台和电报室、设备室等，西为办公用房。西北和西南各有一部楼梯可上二层，二层是内外廊相结合的办公、住宿用房。两个楼梯同时又可以下及石砌的地下室……大楼内部装修均为高级进口木料。"

而笔者从有关部门了解到，复建后大楼原有的地下室业已去掉。因为楼内的钢混立柱取代了原有的承重隔断，加之建筑面积由原来的 992 平方米缩减为 870 平方米，复建后老电报大楼的内部装饰恐无法恢复百年前的风貌。此外，内部装饰难以恢复旧貌还有其历史原因，如大楼在拆卸过程中发现，这栋建筑在历史上曾因火灾而内部大修过，2004 年拆前人们所见到的内部风貌已不是其百年前的样子，当初的内部装饰如何，已难以详细考证。

在济南，对一栋古建筑用原材料进行"瘦身"复建，老电报局大楼是第一座。

对历史建筑的保护来说，这种折中方案已算得上是"不幸中的万幸"。"瘦身"复建后的老电报局大楼，像一个大手术后初愈的患者，无精打采地站在经一纬三路口。真不知道，再过一百年，后世的研究者会不会对它感到困惑不解，咦？怎么 1904 年的建筑都采用了框架结构？

经八纬一：

南商埠的核心区

◆ 街区地标：经八纬一

◆ 街区特质：民居

◆ 拆迁时间：2008年至2009年

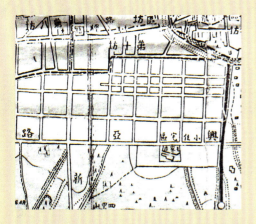

1942年日本人所绘《济南市市区全图》局部，图中空格即为南郊新市区，"兴亚路"即经十路。

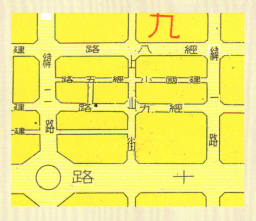

1947年《济南市街道详图》上的经八纬一一带

2009 年实施平移的
纬一路 357 号

2008 年 11 月，拆迁前空中鸟瞰经八纬一。姜波摄

再回首

本文所关注的"经八纬一"，不是一个坐标点，而是指"经八纬一"一带的街区。在范围上大致包括，南至经九路、北至经八路、西起纬二路、东至纬一路之间的区域。

从"南郊新市区"说起

1939 年，处在沦陷区的济南版图上多出一个新区域——"南郊新市区"。当年 2 月和 8 月，日伪华北建设总署济南工程处，两次公布"展界收放土地规划"和"济南南郊新市区开辟实施要领"，规划在济南辟建一个新的商埠区——

"南郊新市区"。此前，军阀张宗昌督鲁时期，曾于 1926 年规划在市区北部开辟北商埠，后因张宗昌败走而搁浅。日伪时期，筹建北商埠的工作重新启动。与北商埠相对，"南郊新市区"又被称为"南商埠"。南商埠的东西街，在走向上与地球纬线完全平行。而此前的老商埠区，其东西街与铁路线平行，稍微偏东北—西南走向。因为预埋了这个"伏笔"，所以经十路与经七路当代延长后，最终实现了交会。

南商埠的规划范围为齐鲁大学以西，岔路街以东，经七路以南，经十路以北。本文所关注的"经八纬一"片区地处南郊新市区的核心。当年，这里多为树林、荒地和坟地，并有自然村落——

陈家庄，位于今自由大街一带。南商埠筹建之初，因拓建马路和新建住宅区，将陈家庄大部迁往梁家庄以南（今二七新村陈家庄大街周边），新建村落"西陈家庄"。

道路名称的变迁

南商埠筹建之初，开辟三条东西干道，分别命名为"兴亚路""兴亚北一路""兴亚北二路"，抗战胜利后，这三条路按济南商埠道路的命名规律，分别改称"经十路""经九路""经八路"，名称沿用至今。

经八纬一片区内的自由大街、建国小经五路最初分别称为"新民东一路""兴亚北小二路"，1948 年济南解放前夕《全市街道展宽表》上改为现名。

建筑的时代特征

南郊新市区是日伪当局强征济南市民的土地而规划建设的。日伪当局之所以这样做，因这里地处济南闹市之外，空气清新，适于居住，所以半数以上的土地均为日本人抢占使用。在几条东西干道以南，现在的四里山一带，日本人又修建了高大宏伟的"神社"，做好了长期在此生活定居的准备。

经八纬一片区建于战争年代，由于财力不足，其时代特征也尤为明显。据山东建筑大学建筑专家姜波介绍，"对照老商埠区，这片区域从建筑质量和规模上，在济南确实不是最典型的历史街区，但它在山东和中国近代建筑史上有着特殊的意义。当时除了西南大后方和东北地区以外，近代的建筑基本停止建设，在沦陷区除了日本的军事相关建筑以外，很少有大规模的建设。经八纬一新建的建筑不仅构成了济南近代建筑的最后作品，也是山东乃至国内当时规模较大的新建城区"。

老 房 子

2008 年，在经八纬一片区拆迁前，山东建筑大学学者姜波带着学生对此片区所存在的陈家庄传统民居、中国商人住宅、日式里弄和中下层居民简易里弄等各种类型民居做了长时间调查和测绘工作。借用姜波的调查资料，2009 年，由笔者负责策划编排的《生活日报》《老济南》专刊特意为经八纬一片区作了两期回顾报道，下为专刊中的核心内容。

纬一路 357 号：
"棚改区"里的洋房

经八纬一一带是一个外观很普通的片区。穿过窄窄的胡同，看到纬一路 357 号这座建筑时，才令人不禁有些豁然开朗，别墅的外墙红色的砖墙在寒冬中泛着柔和温暖的光泽，门口陶立克柱在走廊前投出丰富的阴影，远处的大槐树舒展的枝丫在天空中留下苍劲的痕迹。

纬一路 357 号别墅建筑正入口前面是四根陶立克柱式的外廊，东西南三面

济南城记（修订版）

2007 年 12 月，纬一路 357 号的入口为标准的陶立克柱。姜波摄

2008 年 6 月，纬一路 357 号外墙采用上好的机制红砖在阳光下闪着光泽。姜波摄

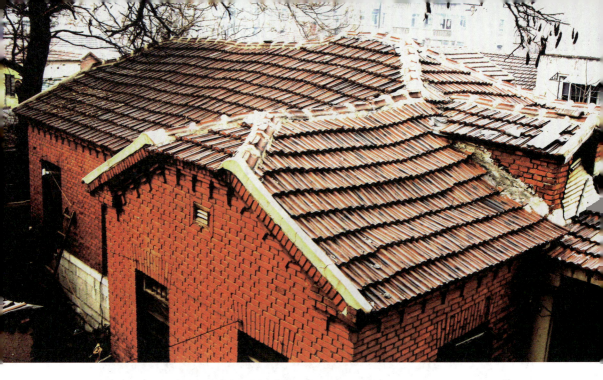

2007 年 12 月，纬一路 357 号复杂的屋顶有 18 面坡。姜波摄

有入口，内廊布局，西南角为一层半地下室，屋顶结构十分复杂，部分为阁楼，布局十分合理。该建筑运用典型的济南近代材料，腰线以下基础是规整的济南青石，墙体是规整的机制红砖。窗台板为整块青石板精细雕刻，铺机制大瓦，整个建筑体现了良好的施工工艺水平。

该建筑是山东建筑大学近年调查测绘的济南优秀近代居住建筑之一，是中国近代建筑晚期（1938—1949 年）具有很高的建筑研究价值的住宅建筑。2009年 3 月初，由山东建筑大学实施远距离平移的正是这座建筑。

纬一路 357 号占地不大，但结构复杂，仅屋顶就有 18 面坡。在有限的面积中运用多种建筑处理形式，手法成熟，比例尺度精准。种种迹象表明，它肯定是出自一位受过严格训练的建筑师之手。通过查证相关资料可推测，这座民居的设计者很可能就是房屋主人自己。

纬一路 335、337、339 号：
见证"国恨家仇"的荆家大院

荆家大院是一套由三个院落组成的老宅院，门牌号分别为纬一路 335 号、337 号、339 号。拆迁前，分别用作住宅、办公、仓库。三个院落在外部有一胡同连接，在内部又有过门相通。整个住宅的交通流线、功能布局非常合理。

拆迁前，这套住宅的原主人后代

仍住在此。荆老是房子原主人的孙子，在这儿生活了60多年。他的祖父当年在章丘开办煤矿，在此建造这个房屋为了避免乡下的战乱，当谈到那没建成的地下室的时候，荆老脸上流露出了一种悲伤。他说，当时地下室空间已经挖好了，当要铺设自来水管道时，日本鬼子来了，他们说自来水管是用来给八路军做枪或其他武器的（因为自来水管是金属的），然后带走了荆老的爷爷和爸爸，从此，家庭开始走向了没落。讲完这件事情的时候，荆老沉默了老长时间。看得出，他对老房子之所以感情深刻，搬迁之前老人家一直住在当年办公的"工字房"里面，屋里的陈设也改动不大，是因为老房子记忆着一段刻骨铭心的国仇家恨。

拆迁前，荆老住在纬一路337号。姜波供图

2008年冬，荆家大院外安静整洁的胡同。姜波供图

2008 年 6 月，建国小经五路 58 号院是经八纬一片区建筑最好、规模最大的近代四合院。姜波摄

2008 年底，编号拆除前的建国小经五路 58 号门楼。姜波供图

建国小经五路 58 号
片区内最大的四合院

建国小经五路是介于经八路和经九路之间的一条街巷。建国小经五路 58 号，当年是片区内最大的四合院。整个建筑中西合璧色彩显著。

门楼为西式，进门影壁是济南传统纹样，前后两进院落，南北正房、南屋十间，东西厢房也是十间。除门楼雕刻精美以外，墙体材料都比较差，另外，建筑的外墙使用的是灰砖而墙里使用的却是红砖，从拆除的情况看，屋架结构也比较零乱。

这座建于 20 世纪 40 年代的民居院落，从建材的使用上足以反映当时的社会经济状况。济南沦陷期间，由于日伪当局对物资的控制和交通运输的不畅，建筑材料严重短缺，以致建造新房也不得不因陋就简。

由于建国小经五路 58 号院身份卓然，2009 年春节前，该院落被编号拆除，建筑构件悉数运往济南大学，准备将来易地重建。

英式别墅当年是乔家大院

建国小经五路 60 号为典型的英国别墅风格，前后外廊，基础较高，总体建筑质量优良，这种建筑形式在抗战之前，在山东沿海地区烟台、威海比较多见，在抗战以后这种建筑风格则比较少见。2008 年，年近六旬的乔冠中先生说，这座房子是其祖父所建，称为乔家大院。坊间有 58 号、60 号为同一时间所建的说法，并不足信。据了解，新中国成立初期，山东省政协副主席马保三曾在 60 号居住过。

经八纬一片区拆迁前，建国小经五路 60 号曾被列入要保留的范围，后来考察因为煤气公司使用时建筑改动较大，最终放弃保护的计划。

经八路 66 号

桓台苗家的泉水院落

在经八纬一调查的时候，不少街坊都称某某建筑是苗家的房子，至于苗家在此片区总共有多少处房产，谁也说不清楚。所谓"苗家房子"中有不少建筑规格不高，质量一般，不像是苗家自己的住宅，极有可能是苗家投资的商用房。因为苗家与我们调查的一般资本家不同，在 20 世纪三四十年代，苗氏家族资本曾主宰济南最重要的面粉工业和纺织

2008 年 4 月，建国小经五路 60 号英式别墅。姜波供图

2008年6月，经八路66号是苗家的房子。王晓明摄

业，其住宅自然会高人一等。

经八路66号是"苗家房子"中的最高档的一处住宅。这也是整个经八纬一地区最精巧的建筑之一，为仿英式建筑别墅。主体建筑内廊分割，以客厅为主，主体建筑包括阁楼地下室，附属建筑佣人房等。建筑地面铺进口瓷砖。院里还有一口老井，常年不涸，有一年雨水很多，泉水从井口溢出，满院是水，很有些老城区"清泉石上流"的味道。

据了解，苗氏家族的代表人物之一、著名实业家苗杏村先生的后人一直住在经八路66号。拆迁前，66号是一个特色餐馆，很多顾客慕名前来喝用老井泉水沏的茶。

2008年6月，经八路66号院内老井。王晓明摄

2008 年 5 月，建国小经五路 45 号原陈家庄老门楼。姜波摄

建国小经五路 45 号等
陈家庄老户的传统民居

拆迁前的调查中，在自由大街和建国小经五路两侧，还发现了数处传统民居，基本和济南传统民居的规格和建造手法一致，建筑年代较早，属清末民初建筑，有独门独院的小户人家，也有三进精美的大型四合院。建国小经五路 45 号还保留着小瓦花脊的旧式传统门楼，门口两侧有图案斑驳的雕花上马石。

经询问老街坊，原来，这些房子都是陈家庄老户留下来的。有书上记载，南郊新市区筹建之初，陈家庄整体搬迁至梁家庄以南。而陈家庄老户住宅的存在说明，当年的拆迁仅是迁走了大半居民，原址仍留守了部分原住居民。

余之音

"移"不走的遗憾

2009 年 3 月 1 日晚 10 点 50 分，原纬一路 357 号民国老别墅被装上巨型平板大拖车，在噼里啪啦的鞭炮声中，在相机闪光灯的频频闪烁中，它，缓缓地向 30 公里外的山东建筑大学移动（13 个小时后抵达目的地）。

众多的泉城市民闻讯赶来，见证这一济南文物保护史上的"壮举"。他们的脸上，一派欢欣鼓舞。一家电视台的解说词中，甚至使用了"翘首期盼"这个词。

没有人注意到它的痛苦。这座以"18 面坡"而令建筑界人士惊叹的老别墅，因为超高被卸掉了最有价值的顶部，实际平移的只是它的躯干。

更没有人意识到它的无奈。它原来所处的经八纬一片区总面积 1 平方公里，绿地规划面积达 38%。38 万平方米的绿地区域，竟然容不下占地仅 150 平方米的它，让它在垂暮之年，被迫"出走"。

2009 年 9 月，落户新址的老别墅被辟建为平移技术展览馆。2013 年 12 月，该建筑被公布为济南市级文物保护单位。

尘埃落定后，我们是不是可以如此反思：一个城市的片区改造是不是也可以换一种模式，在拆掉简易、低档的棚户的同时，把夹在其中的有特色、有历史的老房子都留在原址并加以修缮和保护，让它们原汁原味地诉说我们的城市历史。而平移，不过是一种比拆除稍好的中策，"移"不走的，依然是遗憾。

2009 年 3 月，经八路老别墅被运往山建大。姜波摄

旧时 官扎营

遍地是花园

◈ 街区地标：官扎营

◈ 街区特质：民居厂房

◈ 拆迁时间：2010 年

1982 年《济南市区街道图》上的官扎营一带街巷

2009 年 11 月，官扎营中街鸟瞰（由南往北）。雍坚摄

再 回 首

在很多人的观念中，位于火车站以北、天桥以西的官扎营，是一个脏、乱、差、穷的"棚户区"。坊间曾传言，"官扎营那里可乱啦，动不动就打群架，很多人家有进过'宫'的。"其实，真正走进这个片区，人们会发现这里的居民和济南其他地方一样淳朴，而这里的街巷民宅，虽然总体上档次不算太高，可也有像模像样的大户人家。

官扎营的古代史和近代史

官扎营是一个明代就有记载的老村庄。明崇祯《历城县志》上称之为"关家营"，不知为什么，到了清代志书上，它又被称为"官家营"。大约在清末，"官家营"又被叫成了"官扎营"，据说源自有官兵在此处驻扎。

总之，在明清数百年间，官扎营体现出来的变化仅仅是名称的更替。官扎营一带本身的变化，则是伴随着 1904 年济南开埠后的火车汽笛声展开的。官扎

2009 年初冬，官扎营中街晒太阳的老人。雍坚摄

营过去只是小村，周边是农田、坟地。因邻近火车道，济南开埠后，大量铁路工人在此买地建房，村落不断向四周膨胀。20 世纪二三十年代，伴随着成丰面粉厂等数个民族企业在片区内或周边的设立，官扎营一带再次成为外来务工者购地建宅的首选之所。由于外来人员众多，便于隐蔽，革命斗争年代，我党不少地下工作者也选择官扎营作为栖身之地。如 1932 年，中共山东早期党员宋寿田在官扎营创办济南第一家现代化养鸡场——德华鸡场。以企业家身份为掩护，为我党的秘密工作提供庇护所。

大约在张宗昌督鲁时期（1925—1928 年），官扎营内部的三条东西向主街被正式称为"官扎营前街、中街和后街"。除了三条主街外，官扎营一带还纵横交错着五路巷、三官巷、隆怀巷、神槐巷、孙家胡同、长亭巷、双琴巷、顺道巷、公益里、清泉巷、公盛巷、庆笙巷、清鸿巷、永和巷、成丰街、成丰西街、官后东街、官后西街等近二十条小巷，它们中多数形成于民国初年前后至 30 年代。从地名志资料上可以查到，每条小巷的来历各有缘由，如双琴巷源自 1919 年赵一琴、赵公琴兄弟最早在此定居；神槐巷源自巷南有一株 400 多年的大槐树；庆笙巷源自民国初年董庆祥、张志笙首先在此建房……

由官扎营中街再往西，过通普巷后是官扎营西街，两侧也是密密麻麻的小街巷，由于在行政区划上，那里属于宝华街街道，放在下文中管窥。拆迁前，官扎营和宝华街的平房片区是连为一体的，有四五十条街巷，堪称济南最大的一片"棚户区"。

官扎营曾经遍布花园

"卖花却不论阴晴，隔巷红腔听最清。木本价昂草本贱，挑来都自官家营。"——这是清人王德容在《历下竹枝诗》中的吟诵。文史专家严薇青先生在《济南掌故》一书中曾考证，清代济南花农私人经营的花园多集中在官扎营。

官扎营的养花历史一直延续到民国时期。如同当代北园一带的小区取代昔日荷花池一样，官扎营的花园与街巷民居在20世纪二三十年代一直是此消彼长的，到了20世纪40年代后期，这里的花园大致已名存实亡了。

2007年7月，实地调查显示，不少

2009年11月，官扎营后街28号高家花园门楼的花卉墀头。雍坚摄

老户人家都曾有做过花农花商的经历。如位于官扎营西南部的清泉巷，巷名源自1920年前后，胡清泉首先在此建房定居。胡清泉的孙女、时年59岁的胡伟说："原来我们全家都住在清泉巷20号的老宅中。我爷爷和他的两个兄弟是从山西逃难来到济南，然后落户在官扎营的。爷爷来到济南后，就在靠近火车站的官扎营安了家，由于当地花园很多，因此一开始以种花为生。后来不知道什么原因，家里的花园被占了，爷爷就不再种花，到测量局当了一名测量员。"

老房子

"这里住的都是混穷的。"拆迁前，官扎营一带的老街坊经常这样概括片区的状况。不过，走街串巷中，还是能看到几处可圈可点的老房子。

官扎营后街28号
有座最老的房子

"要找官扎营一带的老户，你得去后街上的高家花园看看。"2007年7月，官扎营中街的一位老街坊说。

从清泉巷和公益里之间的一条小巷向南走进去，再向东一拐，一条相对宽阔的南北向街道出现在面前，街道的尽头是一个典型的传统青砖门楼，门牌号为官扎营后街28号。虽然原来顶部应有的小瓦花脊已经被机制大瓦所取代，但门楼墀头上的精细砖雕暗示出其年代的

2007 年 7 月，官扎营后街 28 号。雍坚摄

久远和身份的特殊。

"这里就是高家花园的老宅，这个门楼子现在是官扎营一带最老的门楼。当年在街口还设有一道外门，你现在看到的路两边的这五六个院子原来也都是高家盖的。"在高家老院门口乘凉的 83 岁老人李大爷讲起了历史。

不过，对高家历史最为了解的，当属时年 81 岁的高永基老人，他是高家最年长的后人，住在高家花园老门楼外面的 32 号院，离休前曾任影壁后小学校长。

"我们高家花园是我祖父那一辈建起来的，当年在官扎营后街一带占地达八九亩。官扎营的花园主要是用来养花，卖花的花店则是在商埠经二纬三租的地方，占地也有五六亩，最初叫聚盛春花园。到了 1930 年以后改名为松菊花园。因为这个原因，官扎营的高家花园也被人称作松菊花园。"对于家族往日的辉煌，高永基老人娓娓道来。

据他介绍，当年官扎营一带大大小小的花园多得数不过来，比较有名的花园还有官扎营后街的邵家花园、赵家花园，官扎营中街的王家花园等，而高家花园是其中规模最大的。因为济南过去种花的主要集中在东关和官扎营，高家花园差不多能算是全市最大的花园。那时候的有钱人，逢年过节或婚丧嫁娶已经有买花或租花的风俗，春节前在玻璃窖中催开的鲜花尤其卖得火爆，高家花园经营的花卉有上百种，曾经远销到日本等国。

"大约在20世纪30年代以后，高家花园就开始逐渐衰落，解放后，我们这一辈的兄弟中，只剩下二哥还在养花，其余的人则都转了行。"高永基说。

官扎营后街 65 号
瑞昌烟厂的大型四合院

在官扎营后街西首路北，一个大型的红砖四合院引人注意。该四合院坐北朝南，南屋为官扎营后街的沿街房。简易的拱券大门开在院东，门牌为"官扎营后街65号"。

"在整个官扎营街区，你找不到比它更大的独立四合院了，原房主是个姓张的资本家。"2007年7月，在树荫下乘凉的老街坊孙先生介绍说。

一般的传统四合院多是正屋5间，厢房3间，而官扎营后街65号的四合院，正屋竟然是6间，厢房4间，且开间比一般平房大得多。乍看上去，像个单位宿舍。山东建筑大学学者姜波在看过这个大院后说，这是20世纪40年代的一处典型宅院，使用的全是机制砖瓦，当时的建筑注重实用，在门楼、雕饰上已不是很讲究，其豪华之处主要是通过房屋开间和建筑高度来体现。

2007年7月，官扎营后街65号。雍坚摄

"这里是原来瑞昌烟厂老板的房子，瑞昌烟厂当年是济南数得着的烟草企业，厂房就位于这个四合院后面。如今，这里是济南榨油厂的宿舍。"住在四合院的八旬老人徐卫士说。

据记载，瑞昌烟厂创办于1946年7月，生产"醒狮""生产""劳工"等牌子的香烟。1955年，瑞昌、瑞大、建中等6个规模较大的私营卷烟厂合营为天桥烟厂，后与济南卷烟厂合并。

2007年7月，带望楼的官扎营中街65号。雍坚摄

官扎营中街 65 号
带"望楼"的聂家大院

在官扎营中街中段，有一条没有名字的支巷。过路人很难发现，就在这条小巷的最里面，路西有一个样式别致的青砖大门，门匾上原始文字已不得而知，现在能隐约看到的是20世纪60年代写上的"永远革命"四字。该大门与众不同的是，在门匾之上竟然还有一个带窗户的小屋。

据介绍，这是一座带"望楼"的大门，顾名思义，"望楼"是门卫瞭望站岗的处所。这种样式的门楼在济南市已极为罕见。

走进这个防护性很高的门楼，里面是一个方方正正的"田"字形组合院落。

只见左右是两个南北对称的四合院，院门均是颇为讲究的木质四扇屏门，院内房屋古香古色。由大门正直向前，是一条青石板里分，里分中间有一道简易二门，穿过二门，两侧是两个南北对称的三合院，南院没门，两株虬枝盘旋的粗大石榴树充当了门的角色，行人至此不得不低头而过。北院原来还有道门，如今仅存痕迹。

"我们家是解放前夕在这个大院里买的屋，当时原房主急着把房子转手，整个西屋才花了3袋面粉。北屋比较宽大，原房主以10袋面粉的价格卖给另一家。"住在大院的老街坊王绪征笑着说。他的妻子回忆说，原房主是个名叫"叶

2007 年 7 月，官扎营中街 65 号聂家大院内景。雍坚摄

鸿昌"（音）的资本家，解放后给镇压了。整个叶家大院里现在住着16户人家，堪称官扎营一带最大的宅院。

据志书记载，"叶鸿昌"实为聂鸿昌，别号聂凤王，旧时是济南安清帮（青帮）中的主要头目之一，民间有"在帮不在帮，得问聂鸿昌"之说。1951年，聂被人民政府判处死刑。

官扎营中街103号
藏着一座欧式别墅楼

官扎营唯一的一座欧式别墅楼位于官扎营中街103号院内。从街面上走，远远地就能看见有座灰瓦洋楼建筑，鹤立鸡群般矗立于官扎营中街路北的低矮平房之中。由于103号的院门因临街房修建而改为一米来宽的简易门楼，打眼一看门楼决不会想到，院内竟然有座建筑非常精美的洋别墅。

走进103号的简易门，映入眼帘的是一栋五开间二层带走廊的欧式别墅，虽然二楼的原始护栏换成了红砖花墙，但楼上楼下，由粗大的爱奥尼克柱所支撑的拱券门洞带给人的观感依然是庄重而大气。仔细瞅瞅会发现，爱奥尼克柱头上也入乡随俗地添加了牡丹等传统纹饰。

2009年，住在这个别墅楼一楼的，是一个并不富裕的下岗职工家庭，男主人因病致残，常年看病吃药使得一家人过着拮据的日子，屋内设施简单，依然铺着当年的木地板。男主人说，他们住的是房管房，洋楼的原始主人他们也不知道是谁。不过，经常有闻讯前来拍照的陌生人造访。

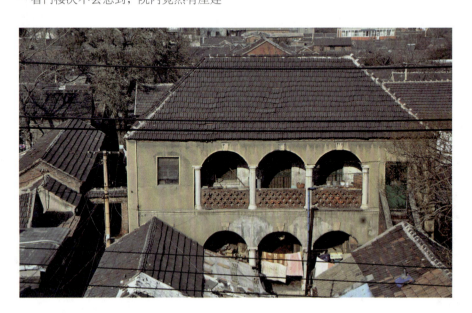

2009年11月，官扎营中街103号洋楼。雍坚摄

济南城记
（修订版）

2007 年 7 月，永和巷 36 号。雍坚摄

永和巷 36 号
红屋青门的李家老宅

永和巷位于官扎营街区西部，原称"雍和巷"。对照 20 世纪 40 年代出版的《济南市街道详图》，今天的永和巷应该是包含了过去的起凤巷和雍和巷两条小巷。

"你是来拍老房子的吗？官扎营几乎找不到前出厦带走廊的房子，但我们街上有 30 号院和 36 号院两处，在当年算是很富裕的街道了。"2007 年 7 月 26 日，永和巷老街坊郑宝华先生娓娓道出过去的故事。

他所说的永和巷 36 号，是一处方石起基、红屋青门的三合院，院落不大，

2007 年 7 月，绿藤缠绕的永和巷 36 号廊柱。雍坚摄

但布局别致。正屋为五开间，檐下回廊为黑色立柱支撑，翠绿的豆角秧顺着立柱向上面的彩色雀替蔓延。受宅院面积限制，东西对称的厢房只有两开间，但里面和正屋相通，体现出浑然一体的整体建筑特色。置身于红屋、青门、白石、黑柱、绿藤相互交融而成的宅院之中，感觉古韵十足，又生机盎然。

据郑先生讲，房主姓李，也是这个街上的老户，已搬到别处居住，这个院子暂时由他代拿钥匙。因为宅院建筑讲究，保存完好，经常有摄影爱好者前来给这个大院拍照。

成丰街 25 号
成丰面粉公司的旧址

1921 年，民族资本家苗杏村、苗星垣、王冠东等集资在官扎营北面的荒地上创办济南成丰面粉股份有限公司（新中国成立后改称成丰面粉厂），次年投产。这是以苗杏村为代表的"大苗家"与以苗星垣为代表的"小苗家"首度合作。在兴建面粉公司时，沿其南垣外辟一东西街，取企业名称"成丰"二字为街名。

济南面粉业为使用机器动力最多、

2009 年 11 月，成丰面粉公司旧址。雍坚摄

成丰面粉公司临街大仓库。雍坚摄

机械化程度较高的行业。20世纪20年代，已跻身中国面粉业六大中心之列，至1933年，更是居于国内各大城市之前三名。成丰面粉公司1934年年产面粉200万包，为济南面粉业中的龙头老大。

2008年，当年赫赫有名的成丰面粉公司生产经营基本停滞，靠出租厂房维系生存。值得一提的是，厂内办公楼、仓库等建筑均具有巴洛克风格，高耸的制粉楼曾经是济南铁路以北的最高建筑，而2007年的一场大火，将楼内的全部设施化为乌有。

据了解，成丰面粉公司旧址已于2004年被天桥区列为登记保护的近代建筑。不过，它能不能作为一个济南的著名工业遗址被长期留下来，尚存变数。

2008年底，苗氏后人苗淑菊在接受媒体采访时呼吁，"成丰面粉厂作为一个见证济南近现代工业发展的纪念性工业遗址保留下来，对济南的历史而言，不失是一个远见之举。"

此外值得一提的是，在官扎营前街133号，还有一个近代工商业遗址——通裕公司旧址，据说以前是做粮食生意的。通裕公司的临街门楼颇有特色，两侧立柱分为三节，底下一节为青石，上面两节则为砖砌，立柱中间为拱券门洞，门楣上镶着刻有"通裕公司"四字的青石匾。2010年11月，笔者给即将拆迁的通裕公司门楼最后拍了一张照片。后来，这块公司石匾流落何处，不得而知。

八旬老人的补充记忆

2007 年 8 月 2 日，笔者策划推出的《老济南·棚户背影》专刊推出后，家住官扎营 32 号院的八旬老人高永基曾经给笔者写来一封长信，说"我和官扎营的居民们以及亲友们看了贵报《棚户背影》报道后，都感到莫大的愉悦和欣慰。这不仅给官扎营地区的居民留下了可贵的有意义的永久纪念，而且也为济南市特别是天桥区的史志充实和丰富了内容"。

除了道谢，高老来信的原因是，那天见面后交谈，他说的话既简略又有不少遗漏之处，看报后感到很遗憾，为此想再做几点补充。以下为高老来信中补充内容摘要：

1. "官扎营"这个概念原本涵盖了官扎营前街、中街、后街，成丰街，宝华街等几个主要街道，现在划分为两个街道办事处。官扎营的小巷名是在 20 世纪 20 年代末组织了两三人研究的，其中有我父亲高鸿勋参加。我童年时父亲即病逝，是我十来岁时我的祖父告诉给我的。那时，是我祖父执掌花园。

2. 关于"高家花园"。照片上的后街 28 号那个门原来叫二门子，是花园的住宅门，进门要上好几个台阶，西扇门上有 8 个雕刻的大字，西边是"文明世界"，东面是"锦绣山河"。我住的房子（32 号）的位置原来是大车门，安有五六米高两扇大车门，可进出马车，门楼上是个近 30 平方米的平台。

2009 年 11 月，官扎营前街的旧门头房。雍坚摄

济南城记（修订版）

大车门里面与二门子外面的院子全是盆花，摆了若干行。每行间有几个一米多直径的大缸，院中有井，缸中有水，就近浇花，花卉大约分木本、草本和仙人花三大类……与日本有交往，是因为 20 世纪 30 年代分家后，我家不养花了，但连续数年还都接到日本寄来的一本印制很精美的花样（彩色广告书）。

3.松菊花园最后迁到人民公园（中山公园）东北角，直到解放后，收为公有后，我的堂兄高永康被留在公园。50 年代被称为济南的"菊花大王"。他的徒弟金牛公园的刘伟、南郊花圃的某人都成了养花有名气的人。

4.（官扎营）后街 82 号，是基督教堂，建筑历史也很久。20 世纪 30 年代，教堂曾组织英语班，我去学过，"文化大革命"中曾停闭，成了居民房，现在很兴旺，每个礼拜天，有数百教徒参加。

5.我家约在清末民初，因火车站占地，由官扎营的东南迁至现址。那时恐还没有后街之名。后街门牌，我家是官扎营后街 1 号，一直沿用到解放后数年，又改成 340 号，后改为现在的 28 号、32 号。

"我年龄大了，戴着老花镜，仍看不清楚，手也有些颤抖，写得不成样子，又乱又草率，见谅。"高永基老人在信末写道。

读着这句话，高老躬身陋室中一笔一画写信的模样仿佛便在眼前。出于对高老的敬重，那封信一直被笔者珍藏。

旧时官扎营遍地是花园

两个面粉厂生出

宝华街

◈ 街区地标：宝华街

◈ 街区特质：面粉厂民居

◈ 拆迁时间：2009 年

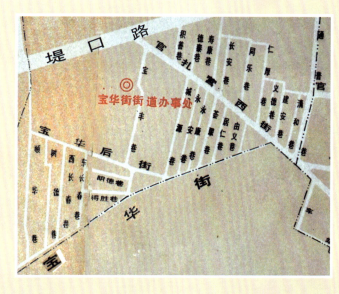

1982 年《济南市区街道图》上的宝华街一带

2009 年 4 月，临宝华街修建的民居多是些简易平房。雍坚摄

再 回 首

宝华街街道是官扎营街道的西邻，这里也是 20 世纪 10 年代至 30 年代逐渐生成的平房聚居区。从地图上可以看到，宝华街片区有宝华街、宝华后街和官扎营西街三条主街，有意思的是，这三条街主街都是斜的，宝华街是西南—东北向的，宝华后街和官扎营西街则都是西北—东南向。由于它们相交而形成三个三角小片区，每个小片区又各有六至十条小巷。

宝华街
见证济南面粉业的兴衰

在纬六路高架桥西侧、铁路线以北的北山粮库内，至今尚有一座开间很大的仓库。据老工人讲，它是当年华庆面粉公司存留至今的最后建筑。

据史料记载，1921 年，民族资本家张采丞、冷镇邦在此创办华庆面粉厂；1929 年，民族资本家李宝斋购买了在华庆面粉公司东北面的恒兴面粉厂（该厂成立于 1920 年，为青岛恒兴面粉厂济南分厂，1928 年倒闭），改建后定

365

2007 年 7 月，华庆面粉厂当年的仓库。王晓明摄

名为宝丰面粉公司，厂址为今官扎营西街路南的天建·天华园小区。1931 年，宝丰、华庆面粉厂进行协商，决定取两厂名字的首字，对两厂之间的道路进行命名，这就是沿用至今的"宝华街"街名的来历。

据记载，"一战"为中国民族企业的发展带来契机，济南先后有 10 家机制粉厂创设，在全国有"面粉城"之称。宝丰、华庆便位列其中。借津浦、胶济铁路和黄河、小清河带来的交通之便，济南面粉畅销省内外。

正是由于这两大面粉企业的拉动，20 世纪二三十年代，宝华街以南、官扎营西街两侧迅速成为外来务工人员的聚居区。

背街小巷
讲不完的创业故事

除宝华街、宝华后街和官扎营西街三条主街外，宝华街片区的二十余条背街小巷虽然长短不一，但彼此间平行，从地图上一看就不难发现，初建时肯定有过统一规划。它们包括：通普巷、清和巷、建安巷、义德巷、仁厚巷、同乐巷、长安巷、寿康巷、德泰巷、积善巷、由义巷、居仁巷、荟萃巷、永康巷、永安巷、诚源巷、宝丰巷、明德巷、得胜巷、东长春巷、西长春巷、树德巷、顺华巷等。

和老街坊们坐下聊聊，背街小巷中有讲不完的创业故事。位于官扎营西街

2007年7月，幽静的明德巷。雍坚摄

和堤口路交界口的积善巷长不足 50 米，为整个街区中最短的巷子，从南到北仅有 3 个小院。据老街坊介绍，韩复榘时期，孙广谋担任街长，以他家的堂号"积善堂"为该街取名为"积善里"，新中国成立后改为"积善巷"。

调查发现，整个宝华街片区有十来条街巷以老住户的名字命名，至拆迁前的 2007 年，后人尚住在原址的已不足一半。诚源巷为早期住户刘文诚、史奎源的名字合成。住在该巷 16 号的刘先生说，他虽姓刘，但并不是刘文诚的后人。刘文诚的宅子原位于他家北面，现在已拆了建小区花园了。老户史奎源家的后人也早就搬走了，听说住在梁府小区。

老 房 子

得胜巷 6 号
铭记着"最可爱的人"

众所周知，自 20 世纪 50 年代魏巍的通讯《谁是最可爱的人》在《人民日报》发表后，"最可爱的人"成为对志愿军战士的专有爱称。但很多人不知道，就在紧挨着纬六路高架桥的宝华街街区，拆迁前还有一条小巷是为纪念一位抗美援朝战士参军而命名的。

"这条百十米长的小巷就是得胜巷，它是宝华街一带唯一于新中国成立后才

2007 年 7 月，只有三个门楼的积善巷。雍坚摄

2007年7月，方路洲和女儿在得胜巷6号家门口。雍坚摄

命名的小巷。这条街原来就有，可一直没有名字。大约在新中国成立初，这个巷子的居民方得政应征入伍参加抗美援朝，街道上为了祝他得胜凯旋，才将小巷的名字定为得胜巷。"2007年7月27日，宝华街的一位老街坊介绍说。

方得政家原来居住的院子门牌为得胜巷6号。这是一个带挂罩的旧式门楼，因年久失修顶部坍塌。方得政的三儿子方路洲一家仍住在这个老院的东屋中。"从我祖父那辈开始，方家就开始在得胜巷购房居住。我父亲方得政已经过世了。他是1950年参的军，大约是1952年在战场受伤后才复员回家。我很早就知道这个小巷的名字和父亲参军有关，父亲所讲的抗美援朝的故事我已记不大清了，只记得他获得过好几枚军功章。"方路洲说。

寿康巷13号、11号
华庆经理、协理的私宅

宝华街之名源自20世纪20年代华庆面粉厂和宝丰面粉厂。因华庆面粉厂首任董事长张采丞为寿光人，大批寿光籍管理人员和技术工人先后在宝华街一带购地建房，并逐渐形成街巷，位于官扎营西街的寿康巷便是其中之一。

据记载，1942年，华庆面粉厂第四任经理国佐庭和协理崔少峰首先来此建房定居，因二人均为寿光人，遂将街名定为"寿康巷"。

拆迁前的寿康巷13号、11号为国家和崔家的老房子。这是两个前后相邻、样式相同的青石红砖四合院，高大的门楼上部是外抹水泥的"山"字形牌坊。

"这里原是俺对象的三爷爷国佐庭

2007年7月，寿康巷13号国佐庭宅。雍坚摄

2007年7月，寿康巷11号崔少峰宅。雍坚摄

2007 年 7 月，仁厚巷 18 号座山照壁将红砖青瓦巧妙结合。雍坚摄

的宅子，北屋已经卖了，听说最初没有西屋，现在的西屋是'文革'后添建的。"2007 年，住在寿康巷 13 号东屋的张女士说。对于半个多世纪前的历史，她的了解并不多，只是听老人说，国佐庭晚年家境并不富裕。据《济南工商史料》一书记载，在日伪时期，因拒绝和日本人合作，华庆面粉厂曾受日本人的百般刁难。1943 年，日本特务机关借口华庆向面粉中掺了沙子，传讯其经理国佐庭，国闻讯逃离济南，后被华庆面粉厂解职，晚年生活艰难。或许，这是他家迟迟未建西屋的原因。

仁厚巷 18 号、20 号
狭窄小巷中的公家大院

仁厚巷位于宝华街道办事处辖区东北部，南与官扎营西街相同。拆迁前，这条狭窄的老巷中，建筑物多是破旧的民居，只有 18 号、20 号院与众不同。据年届八旬的王家老太太介绍，这条巷子周边原来全是菜地，最早定居的老户只有王家、公家等几户人家。其中，住在 18 号、20 号院的公家最富，他们家的房子是全街上最好的。

仁厚巷 20 号、18 号是一前一后两

2007 年 7 月，居仁巷中拉呱的老街坊。王晓明摄

个标准四合院，建筑风格如出一辙，都是高大的红砖门楼，门内的座山照壁均是红墙青脊。据专家介绍，20 世纪三四十年代，伴随着机制砖瓦的出现，红砖红瓦开始在民居中广泛使用，红砖与青瓦相互搭配成为当时民居建筑的过渡特征。在济南老城中，传统民居座山照壁的檐角都是紧贴在山墙上，而公家大院照壁的檐角则像喜鹊尾巴似的横翘出来，立体感更强，这隐约透露出一种外地民居的风格。

2007 年，住在 18 号的公家老太太已年届九旬，言语有些含混不清，她断断续续地回忆道，她家是从泰安来济南的，从 16 岁嫁到这里已经 70 多年了，目前都有重孙子了。

居仁巷 6 号
一门两院的大宅门

居仁巷是宝华街和官扎营西街之间的一条小巷。据记载，因临近火车站，20 世纪 20 年代末，很多铁路工头和工人在此定居，逐渐形成街巷。后此巷取名为"居仁巷"，意为仁者所居之地。

虽历经八十年的风雨沧桑，拆迁前的居仁巷依然有几个大门楼在诉说着昔日的气派。居仁巷 6 号便是其中最典型的一个大院。这是一个传统的青砖大门，门内却是一个带点洋味的"山"字形红砖照壁，照壁上的砖雕图案又回归了传统，做成了座山照壁的样子。照壁左右各有一道二门，分别通往北面和南面的四合院。两个四合院均是红砖红瓦的房

2007年7月，居仁巷6号是个一门两院的大宅门。王晓明摄

子，基本保持着原始格局。

"听人说，6号院以前的主人好像是铁路上的工头。"2007年，一位年轻的住户说，而其他住户则摇头说不清楚过去的房主身份。

居仁巷6号院南面还有一处气派的红砖门楼，门楼前的粗大洋槐下，几个坐着马扎的老街坊在乘凉闲聊。"这个院子是我祖父那时候盖的，他是华庆面粉厂的工程师，老家原是寿光的。"2007年，该院主人耿先生说。

2009年春，居仁巷被实施拆除。

由义巷 17 号
因地制宜的超长宅院

由义巷是宝华街路北最东头的一条小巷，街南头是一幢临街二层红砖楼，该楼与楼后的红砖平房围成一个四合院。这个院落的门牌号为由义巷17号，大门朝东，可照壁在门东侧，由此可推断，最初的大门应该是坐北朝南的，位于二层红砖楼的位置。

这个四合院的房子并不高大，可院落特别狭长，东厢房竟有10个窗户，总长度近30米。因为这个缘故，院内空间狭长，加上居民在厢房前添建的棚房，院内天井变成了一条一米宽的甬道。

2007年，住在这个大杂院的居民谁也说不上17号原来是谁家的房子。从院落格局推断，它原来像是某个作坊主的私宅，主人应该是住在楼房里，楼后的厢房为作坊或工人的住所。

2007年7月，狭窄悠长的由义巷。雍坚摄

余之音

说不完的华庆面粉公司

2008 年底，笔者组织策划了两期计 8 个版的《老济南·工业寻根》特刊。对民国时期享誉济南工商界的数位民族资本家的创业故事进行追忆，采访重点是搜集他们后人的口述历史。

在追溯济南机器制粉、机器榨油的源头时，民族资本家张采丞的传奇创业故事引起笔者极大兴趣。通过网上搜索，笔者意外结识了张采丞的曾外孙李禾，一位 80 后留学生。他在博客上建了个题为"兴顺福历史研究日志"的专题，搜集各类关于张采丞的资料和报道。通过李禾牵线，笔者又结识了张采丞的孙女和曾孙，了解到不少鲜为人知的旧事：

张采丞，山东寿光人，1868 年出生，早年曾经随父亲闯关东，回老家后就开了家粮栈，创办兴顺福粮栈时年仅 17 岁。该粮栈兼营虾酱等海产品。张采丞曾通过小清河把海货从寿光羊角沟运到济南，感觉这里是能成就大事的地方。于是在 1900 年，32 岁的他携银 3000 两举家搬到济南，二次创业。

由济南市经三路 80 号的门洞走进去，在两栋现代居民楼之间，隐藏着一座中西合璧风格的百年小石楼，小瓦花脊的屋顶上开有西式老虎窗。这里便是张采丞在济南建立的最早居所。自经三路 80 号往西至小巷长荣里，当

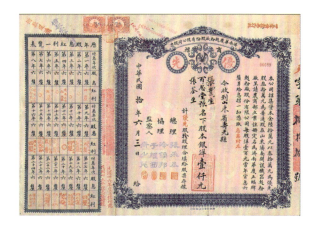

1921 年，济南华庆面粉厂股份有限公司发行的股票。

年都是张采丞家的"地盘"，包括住宅和存放酱缸的空地，如今已被切分成很多块。幸运的是，在经三路 88 号院内还有另外一座西式楼房，张采丞先生的几位后人仍居住在此。

1909 年，兴顺福机器榨油厂在经二纬三路创办，这是济南第一个机器榨油企业。1913 年，张采丞又在榨油厂内开设了济南第一家机器面粉企业——兴顺福机器面粉厂。

连创两项第一的张采丞并没有就此止步。1917 年《简报》记载，兴顺福旗下，还建有铁工厂，铁工厂又分为五金厂和铁锅厂。1918 年，他在火车站北购买土地，筹建华庆面粉厂。"发起的时候只有两个人，除了我曾祖父，还有一直打理兴顺福面粉厂生意的冷镇邦。为了上规模，华庆面粉厂以股份有限公司广泛融资。"张采丞的长曾孙张云昌说。

张采丞和冷镇邦共筹资30余万元作为启动资金，随后，山东督军田中玉、财政厅长周嘉琛、实业厅长田桂芳、济宁玉堂酱园孙笠樵、烟台盐商郑雪舫等纷纷加入，投资人最后达到了190多个。作为一种有历史意义的老票证，当年华庆对外发行的股票，如今在网上还有卖的，且价格不菲。

1921年8月，济南华庆面粉股份有限公司正式营业。为了方便原料及产品运输，华庆面粉厂专门修建了自厂内直通津浦铁路的铁路支线。1934年，华庆面粉公司产量位居济南"七大面粉厂"第三名。

2010年，隐藏在经三路80号院内的张采丞故居。雍坚摄

大槐树庄

的前世今生

◆ 街区地标：北、中、南大槐树街

◆ 街区特质：民居

◆ 拆迁时间：2008 年至 2011 年

1947 年《济南市街道详图》上的三大槐树一带

1994 年地图上的三大槐树

2008 年 3 月，北大槐树街看起来像条河，夏季它还承担着泄洪重任。 王晓明摄

再回首

在济南，"北大槐树""中大槐树""南大槐树"指的是 3 个有地标意义的老街区。聚居于此的居民多是济南开埠后的外来务工者后代，沉淀在此的传说则可上溯至唐代的秦琼故里。

槐荫区区名因此而定

山西的洪洞大槐树远近闻名。而在济南，一提"大槐树"，人们所想到的地标则是位于纬十二路沿线的北大槐树、中大槐树和南大槐树三个老街区。

在地方志中，济南的"大槐树"之名始见于明崇祯《历城县志》，当时它只是段店东面的一个小村庄。在清乾隆《历城县志》中，大槐树庄已分化为北大槐树、中大槐树和南大槐树三个庄名。1904 年，济南自主开埠，商埠区划定的西边界便是北大槐树。开埠后，大量外来人口聚居于三大槐树周边，由此衍生出槐荫街、槐村里、裕津里等数十条里巷，这一带逐渐成为城市居民区。1947 年前后，三大槐树庄改称北、中、南大槐树街。新中国成立后，三大槐树街进一步细分，如中大槐树街分为中大槐树北、南、东街，南大槐树街分为南大槐

2008年3月，一位妇女领着孩子从中大槐树神槐雕塑旁走过。雍坚摄

树北、南、西街，北大槐树街又分出北大槐树南街。

1955年，根据国务院关于"市辖区应改按地名称呼"的指示，将以"槐"命名街巷众多的原济南市第六区改为槐荫区。

传说中的神槐故事

"民间相传此地有古槐一株，考证距今600多年。树高20多米，胸径1.5米……每年谷雨前后，槐树花絮簇簇时，人们为古槐摆下贡品，点燃香烛，认为古槐可降吉祥……"这是中大槐树南街的一休闲空地上所刻的"神槐"碑碑文，该碑立于2005年。类似这样

的"神槐"故事，在三大槐树的老街坊们口中，有多种说法。北大槐树的居民说，神槐原在北大槐树街西段菩萨庙前；南大槐树的居民说，神槐原在南大槐树北街关帝庙前；中大槐树的居民则说，在中大槐树北街、东街的关帝庙前原来各有一棵神槐。

今天，原来的庙宇和神槐已踪迹皆无。但版本众多的神槐故事却印证出，三大槐树街过去有多株上百年的古槐。

原住居民来自哪里

对神槐和关帝（关公为山西人）的民间崇拜，使人们自然而然把三大槐树的原住居民与明初山西洪洞的大规模移

民联系在一起。有人推断，三大槐树的老户是明初从山西迁来的。

这种推断和民间说法及相关记载并不是完全合拍。

如关于唐代大将秦琼出生于北大槐树的故事曾在民间广为流传，传说这里原名太平庄，后因秦府门前槐树而改称大槐树庄。清初，秦氏后裔发财后曾在北大槐树秦府故宅前立碑，上书"唐左武卫大将军胡国公秦叔宝故宅"。后因家道败落，故宅被卖掉，石碑移到五龙潭秦叔宝祠堂。可惜，今天在北大槐树已难寻秦氏后裔。倘这种传说确凿，北大槐树的历史可上"溯"至唐初。

今天的北大槐树西半截，聚居的老户人家多为回民。据街西首北大槐树清真寺中的清同治年间《重修清真寺碑记》记载，该清真寺建于明弘治年间，距今已有500多年历史。1985年刊印的《槐荫文史资料选辑（第一辑）》记载："（北大槐树）庄内77岁的回民党文乾老人称：其家族由河北枣强县迁徙至此庄已经四十余代，上可推至宋朝。"

开埠令外地人纷至沓来

"我的祖父和父亲是从西边过来的，他们最初在铁路上干活，后来攒点钱建了这处宅子。"家住北大槐树101号的七旬老人邵大爷说。在实地调查中，像邵大爷这样的住户在三大槐树占了多数，

2008年3月，北大槐南街的红砖筒子楼。雍坚摄

一般为济南开埠后的 40 年间陆续来到济南，最初在铁路及周边工厂工作，或者做小买卖养家糊口。

据了解，来自济南周边泰安、聊城、德州、淄博等地的外来人口最多，此外也有不少外省市移民，如中大槐树一带有不少祖籍天津的住户，该街区的裕津里，据说就是由津浦铁路工厂的天津籍工人在此定居而建。除裕津里外，大致在同一时期，在南大槐树、中大槐树新增的以裕字打头的里巷还有裕仁里、裕福里、裕忠里、裕信里、裕华里、裕明里、裕兴里，当地的年轻人，也往往弄不清哪是哪。

再如，北大槐树大致位于津浦铁路、纬十二路和经一路之间。在民国初年的地图上，北大槐树周围还有大片的空地，而在民国三十六年（1947）的地图上，北大槐树街一带则冒出王家巷、吴家巷、费家巷等 14 条巷名，片区拆迁前，这些小巷尚在，只是街名已经合并进了北大槐树街。北大槐树街的门牌号排到了千余号，这在济南老街中堪称最多。

老 房 子

2008 年 3 月，笔者和山东建筑大学学者姜波、同事王帅军等人一起对北、中、南大槐树一带的历史街巷进行了细致寻访和调查。

2008 年 3 月，北大槐树清真寺。雍坚摄

2008年3月，北大槐树街581号的袁桂芬女士说，她父辈来自邹平焦桥袁家。雍坚摄

北大槐树街 581 号
焦桥袁家在济南的私宅

"这座宅子当年是我父亲从'马三爷'手中买下来的，'马三爷'在铁路上做事，是这一带很有名头的一个人。"2008年3月，56岁的袁桂芬说，她一直住在北大槐树街581号北屋。

袁桂芬的父亲，解放前在西市场开了一家绸缎庄，关于绸缎庄的名字，她已经没印象了。根据一位邻居老大娘回忆，袁家开的绸缎庄叫"天增祥"，在原来的十一马路上。

袁桂芬的老家为邹平焦桥，其家族被称为焦桥袁家，早在清代就是著名的北方望族。"听说我们老家那边的房子，跟万竹园里的房子差不多，雕梁画栋，很讲究。"袁桂芬没回过老家，这些都是父母讲给她的。

袁家在邹平有大量地产，在济南也有自己的买卖，两边都得兼顾。农忙的时候，袁掌柜就回老家主持家务，农闲的时候就在济南照顾生意。土改的时候，袁掌柜就把家小都带到了济南，家里的田产不要了，专门经营绸缎生意。

"我们一家到了济南算是没遭罪，我小的时候家里还雇着做饭的大师傅呢。我大爷爷留在老家了，那个时候家产就被分了……"袁桂芬觉得父亲当年还是很有远见的。

北大槐树街 555 号
卖菜盖起了一座大宅院

北大槐树街 555 号院的大门看起来有些年头，在里面住了半个世纪的高淑荣也弄不清楚它是哪一年建的了。

"这座宅院是我老公公和老婆婆建起来的，听说是有一年发水，原来的茅棚泡塌了，水消了就盖了这房子，少说也得有七八十年了吧。"2008 年 3 月，高淑荣老人说。

"以前，我们这房子后面一大片地都是俺家的菜畦地，也是混穷的，钱都是一分一分从地里面抠出来的，能盖起这座房子可真不容易。"高淑荣指着自家房子说。

"可是房子刚建好，老公公就过世了。我那老婆婆可不容易了，三十多岁就守了寡，愣是一个人把这个家撑了下来。"高淑荣感叹道。

她说，原来东西两个院落都是她家的，直到 1960 年才卖给别人。

"三年严重困难的时候，家里没什么吃的，我就吃树叶，结果得了肾炎，真是要命啊，为了治病，就把东边那个院子卖了，"高淑荣回忆起那个时候的事儿还有点后怕。

北大槐树街 559 号
开磨坊人家的四合院

559 号这座四合院挺大，不过只住了两个人：2008 年，75 岁的扈文才大爷和他的老伴郑秀兰大娘就住在南屋两间房子里。

"北屋、东屋、西屋兄弟分家的时候分了，后来他们都卖给了外人，现在成了放货的仓库。"郑秀兰指着院子说。

这座宅子，是扈大爷的父亲一手建起来的。

"俺家原来是开磨坊的，也就是个小磨坊，没啥名号，为了攒点儿钱，公公婆婆都是没日没夜地干。"郑秀兰说。

最让她感到不可思议的是，"自己家里是开磨坊的，我婆婆那个时候连碗面条都落不着喝！你看看节俭到什么程度吧。"

"我孩子今年都 54 了，我在这里住了大半辈子，一下子说要拆，我这心里挺不是滋味。还老是想起公公婆婆盖这房子的时候吃的那些苦，就更舍不得了。"郑大娘感慨地说。

北大槐树街 601 号
韩复榘的干娘在这里住过

601 号大院很有特色。院子的西北角，有一座二层的望楼，屋子不大，却也别具一格。院子中间，有一棵很粗的老槐树，盛夏时节，翠绿的树荫能把整个院子遮住。

2008 年 3 月，住在院子里的韩先生说："听老人说过，20 世纪 30 年代，济南著名的正骨专家张老太太曾经就住在这个小楼上。并且，这位张老太太还是韩复榘的干娘。"

2008年3月，北大槐树街601号的青砖小楼在老片区中格外显眼。雍坚摄

据他讲，韩复榘认干娘源自这样一个故事：韩复榘的儿子被汽车给撞断了大腿，中西名医看遍了，都说恐怕要在床上躺一辈子了。韩复榘最后找到了张老太太，经过她精心治疗，最后这位韩公子恢复得很好，没落下一点儿残疾。

时年83岁的赵永富大爷住在601号大院对面，他对张老太太的故事也听说过很多："解放前，提起张老太太，没有人不知道，老人家医术一流，口碑也极好。"

巧的是，2004年，笔者曾采访报道过济南正骨名医张杨文慈的曾孙女张霖女士，她家珍藏有当年山东省主席韩复榘送给张杨文慈的木匾，送匾的原因也是张老太太治好了韩复榘儿子的腿伤。经电话求证张霖女士，她说，她也不清楚曾祖母是否在北大槐树住过，但当地居民所说的治病故事与曾祖母的经历是吻合的。

中大槐树青石小桥
曾是去长清的要道

中大槐树大致位于纬十二路、经一路延长线和经四路之间的三角地带，其老式院落约半数已改造为现代楼房。2008年3月，中大槐树现存老街区的拆迁已进入现在进行时，裕兴里、宝明里等街巷的部分老院落已成瓦砾。

中大槐树南街的里弄之间，南大明沟蜿蜒流过。沟宽不过三四米，水沟之上，有座古朴的青石拱桥。天长日久，青石板已经磨得很光滑。

"别看桥不大，以前可忙了，去长清的官道就经过这儿。"时年81岁的张军生大爷在桥边住了近60年。这座桥是什么时候建的，张军生也不知道，他估计，至少也有一百来年了。

张军生的老伴、时年78岁的王翠莲大娘说，这些石头护栏和石墙都是十几年前才改造的。没改造前，经常有孩子从桥上掉到沟里。

"桥下面的拱顶两头原来还雕着龙头龙尾，'文革'时给砸掉了。"王大娘说。

值得一提的是，桥南侧的沟壁上，嵌着两块石碑，因为年代久远，碑文已模糊不清。据附近的居民李东俊说，这两块碑是从北边不远处的庙里搬过来的。

"那个庙原来在狮子湾那边，里面敬着观音菩萨、土地爷等神像。庙挺大，前面是大殿，后面还有个大院子。'破四旧'的时候神像都砸了，后来庙也拆了，那地方就变成店铺了。"说起这座庙，时年70岁的李东俊有点儿惋惜。

2008年3月，中大槐树青石小桥旁的堤壁上砌有两块石碑。雍坚摄

2008 年 3 月，中大槐树南街裕兴里 23 号。雍坚摄

裕兴里 23 号
"国军"军长在这里住过

裕兴里 23 号曾是中大槐树保存最完好的四合院。拆迁前，青砖门楼的墀头上有精致的狮子滚绣球石雕，门楼西侧的红砖墙上保留着三个青石拴马桩。有意思的是，墙上还镶有一块《院史》碑。据碑文，国民党一名军长曾经居住过此宅。刻碑时间是 2005 年，可见当地居民对这个院子的重视。

"你们来晚了，早来五天还能看到北屋的原样。"2008 年 3 月，住在 23 号西屋里的张女士一边打开大门一边说。只见进门后有完整的靠山照壁，可拐过二门后，发现正屋刚刚被拆除，瓦砾堆满了院子。"北屋下面还有个 30 多平方米的地下室，现在就在这堆砖瓦下面。"张女士说。

那位在此住过的军长是谁，附近的居民没有人知道，也从来没有人见过他，倒是他的儿子曾经来过。

"二十多年前，那位军长的儿子来过一趟，把二道门给摘走了，还把院子里的两棵青桐给砍走了。那两棵青桐可粗了，夏天里整个院子都很阴凉。"张阿姨一边说，一边比画着两棵青桐的位置。

"1944年，裕兴里一带的宅子都没少挨炮弹。国民党要轰炸的是旁边的铁路大厂，用的是美国的轰炸机，但那时候制导技术不行啊，老炸偏，31号院就有6位平民被炸死。"家住附近的陈金城大爷说起往事来不胜唏嘘。

最后，张女士让笔者给她在大门口照张相片，把门内的照壁也拍上。"马上就拆了，留个念想吧。"她说，有一位南方商人很喜欢这副照壁底座，约定要在拆迁时过来买走。

裕兴里 14 号
红楼大院曾是
"国军"团长私宅

中大槐树一带拆迁前，从裕兴里23号往东走不多远，正对巷口的便是裕兴里14号——中大槐树最豪华的旧式楼房院落。该院正房是五开间二层红砖小楼，二层回廊和柱子都是木制的，廊柱间还有精致的雀替。这个院子特别大，东西厢房为平房，院子的西南角还有座二层小楼。

"这里原来是一位国民党团长的公馆。别看他的官没23号院的军长大，可是他混得好，看看这房子就知道了，多气派呀！"2008年3月，住在14号院的殷大爷说。

2008 年 3 月，中大槐树南街裕兴里 14 号。雍坚摄

2008 年 3 月，裕兴里 14 号廊柱上的雀替。雍坚摄

新中国成立后，裕兴里 14 号一直是中大槐树派出所的办公场所，直到前些年派出所才搬走，而殷大爷就是派出所的退休民警。他说，原来西南角小楼下面是门洞，上面住着团长的警卫班。后来因为不好进车，就在西厢房新开了个大门。

"解放前那位团长带着妻子去了台湾，但还有后人留在了大陆。20 世纪 80 年代，团长曾回来过一次，那时候差不多得七八十岁了吧，记得他长得很魁梧，得有一米九。"殷大爷说，团长的女儿住在北京，前几年也带着孩子来过，并在院子里拍照留念。这一次，给殷大爷印象最深的，还是"魁梧"。

"团长的外孙长得也很魁梧，可能是遗传吧。"殷大爷说。

南大槐树的三角楼
片区内的第一高楼

南大槐树位于经四路以南、道德北街以北、纬十二路以西、槐村街以东的区域。此处有十多条旧式街巷纵横交错，散布其中的不少老房子类型丰富，成为济南近现代城市变迁的缩影。

在南大槐树南街有座三层的红砖楼房，在纬十二路上就可以看到楼房的坡顶，这就是著名的三角楼，当年，它也是南大槐树一带的第一高楼。拆迁前，据附近的老人讲，这里曾是南大槐树的一个三角湾，夏季暴雨从梁庄流下的水在这里汇集，水满了在此向西流淌，以前还有小孩子在此溺水身亡。

1945 年抗战胜利后，有个姓朱的往

2008 年 3 月，南大槐树南街的三角楼样式独特。姜波摄

平大地主，因家乡成了解放区，带着细软逃到济南，买下此地，据说聘请一个日本人设计了该楼，一二层出租作为旅馆，交给一个东北人经营，自家住在三楼。解放前夕，朱家逃往台湾，三角楼划归铁路上使用，拆迁前三楼还是铁路的家属院。走进楼内，发现它的设计极为合理，三角楼中间是三角形天井，保证了采光和通风。整座楼房采用现代主义设计手法，利用有限的地形建造了济南唯一的三角楼，其合理的布局结构在同时期建筑中是不多见的，有极高的研究价值。

四合院里的"大吉"烟厂

在南大槐树南街 26 号，有一座规模很大的四合院，门洞高大，正房带雕花外廊。2008 年 3 月，80 岁的冯贵玉大娘说，20 世纪 40 年代，这里是日本人的牛业工会，她的丈夫还来过这里。抗战胜利以后，这里改为烟厂，生产"大吉"牌香烟。据济南工商史料记载，在抗战胜利以后，济南的卷烟业有了较快的发展，当时设立的厂家有 40 多家，卷烟业同业工会，设在魏家庄。各厂工人

2008 年 3 月，一位行人从裕华里的旧式门楼前经过。雍坚摄

大槐树庄的前世今生

391

多少不一，小厂二三十，大厂七八十人。解放后烟厂公私合营，这里改成了印刷厂，后成为居民大院。

有意思的是，在26号的大门上，钉着三个小铁牌，它们分别是解放前给水牌、供电牌和商会牌（类似现在的工商执照）。

2008年3月，南大槐树南街26号大门上的商会牌和给水牌。姜波摄

南大槐树北街 48 号
裕福里 7 号、18 号

民居有传统的也有中西合璧的

南大槐树的民居是由传统村落逐渐发展而来的，随着济南的开埠，成为融入城市的乡村。随着外来人口的增加，传统的院落越来越少，中西合璧的民居越来越多。在南大槐树寻访过程中，仅发现南大槐树北街48号是原汁原味的传统四合院，门楼古朴，雕刻精美，墙面全石到顶。其他多是中西合璧式的民居，

2008年3月，南大槐树北街48号是全石到顶的四合院。雍坚摄

2008 年 3 月，裕福里 7 号门楼上的装饰具有西式风格。雍坚摄

2008 年 3 月，南大槐树 48 号墀头砖雕。雍坚摄

2008 年 3 月，南大槐树裕仁里一带的小巷仅能容三轮车通过。雍坚摄

如裕福里 7 号，一座二进四合院，据说是一个资本家的住宅，十分精美，连廊环绕，挂罩上有精美的雕刻；裕福里 18 号是一个高大的四合院，南屋北屋 7 间，东西厢房 5 间，据说是济南印刷厂的房子，这种规模的四合院在济南是不多的。据说原来是孙姓资本家的小妾的房子，住在北屋的张家在 1950 年买下这里，1958 年又卖给了公家。

20 世纪 50 年代修建的济南住宅讲究功能，注重形式。南大槐树南街 127 号便是这样一处建筑。它是 1953 年济南警备区宿舍楼，是当年的高档住宅，一层地面铺花板砖，二三层木地板，每家都带有卫生间。

2008年3月,中大槐树东街72号门楼上精致的砖雕博风。雍坚摄

余之音

别了,三大槐树

北大槐树、中大槐树和南大槐树片区是《老济南》专刊重点关注的唯一一个老城与商埠外的片区。由于地处商埠外围,关于这里的历史典故文献记载较少。正是因为这种缘故,2008年3月,当朋友姜波建议我对三大槐树地区做一期专刊时,我立刻喊上同事,拎起相机出了门。当时,中大槐树一带的拆迁已经开始。我们的拍摄和调查在仓促中进行,在内心隐隐有一股"惜别"的情绪。3月26日,在中大槐树东街12号,我拍下了门楼上雕刻精致的莲花博风,那种古典之美让我"惦记"了很多天。

3月3日,笔者组织策划的《老济南·三大槐树》专刊在《生活日报》推出。说心里话,用4个版的图片和文字来表现三个相连的片区,所能做的,仅仅是蜻蜓点水,管中窥豹。

沉淀在片区幽巷老宅中的民间历史和创业故事多数尚未挖掘出来,这里就已经伴随着片区的拆迁而永远地消散了……

后 记

　　这是一本积攒了十多年的书。全书主干内容草就于 2009 年，后来根据济南的城市变迁和多位文友建议，又数次增删、修改。

　　好在，这不是一本仅仅写给当下阅读的书。回忆和反思，是需要时间距离的。因为有了沉淀，其表述看起来可能更接近于恰当。姑且，把这一点当作成书拖沓的幸运后果吧。

　　有个流行说法叫"致青春"。我自打在媒体从业以来，感觉最有价值的事儿就是和李铭、姜波等同道中人一次又一次地去走近老济南，调查，发现，惊喜，拍照，记录，呼吁……其间做伴的还有我的多位同事和多位社会友人。2007 年，在报社支持下，我在《生活日报》主创了《老济南》专刊，系统梳理、报道济南历史文化的方方面面，这个专刊后来过渡给副刊部编辑，一直坚持了 7 年，总计 272 期，400 余个整版。本书内容，是我做记者和主编《老济南》专刊时，对 20 个济南拆迁街区（片区）的采访、调查和考证，部分内容参考了同事殷宝龙、王帅军、郭学军及姜波、李耀曦先生在《老济南》专栏中的文章。将其整合汇编成书，姑且算是对青春有个交代，对济南的城市变迁有个记录。

全书 400 多张图片，我个人拍摄的有 230 来张，历史图片有 40 来张，王晓明、郭建政、左庆、姜波、申胜利、李铭、王琴等朋友提供的照片共计有百余张。另有 18 位朋友、网友分别供图 1—3 张，文中均予署名，在此恕不一一列举。

此书编排过程中，蒙冯克力、隋小山、王任、赵祥斌、王高杰先生给予悉心指导。审校期间，刘书龙、陈明超、陈强、耿仝、王军、黄鹏等六友先后对全书文图给予通审，张继平先生对全书图文给予终审。岳佐泉先生为此书题写书名。

付梓之际，谨此向多年来支持我工作的家人、朋友、同事和数不清的采访对象诚致谢忱。限于个人水平有限，全书表述谬误之处、观点偏颇之处在所难免，期待您的批评指正。

2017 年 5 月 12 日

再　跋

　　2017年9月，《济南城记》正式出版，同期进行网售。当时，笔者新开的微信公众号"有淘有聊老济南"只有600多粉丝，网售消息主要是通过它原发，又被网友们无数次转发。三个多月时间里，千余册图书通过它发往国内20个省份。有些始料未及，也有些诚惶诚恐。笔者真的没做什么惊天动地的事情，不过是分享了一个记者用相机和采访本记录下来的一点点城市变迁。

　　因为这本《济南城记》，很多陌生的朋友和我成为故交，大家共同的话题是分享老济南带给彼此的城市乡愁，如同漂泊在外的游子契阔相逢，你一言、我一语，在叙旧中寻找彼此的记忆交集。也有吕征、汪洋、刘兆熙、杨旻等数位老朋友，在阅读此书后提出了诸多修正意见和建议。

　　转瞬过去6年多时光。《济南城记》初版早已告罄，仅存数本散册以收藏价在孔夫子旧书网上挂售。此间，伴随着对济南历史研究的逐步深入，笔者也意识到《济南城记》初版中有数十处需要修订。

　　于是，有了《济南城记》修订版的诞生。

　　希望它，让我们所深爱的这座城市有记忆，长记性。

2023年12月5日

无题　申胜利摄

看着这幅剪影般的照片，如果我仅仅告诉你，这是济南旧城改造的一幕，或许你会为城市建设者在黄昏下的劳作而感动。如果我告诉你，他们正在拆的是诞生九转大肠的鲁菜百年名店九华楼，你又会作何感想……